2023-2024年河北省社会科学基金项目立项课题
项 目 名 称：中国特色行政检察界定与基本运行框架研究
项目批准号：HB23FX008
项 目 类 别：年度项目-一般项目

我国行政检察
界定及基本运行框架研究

张爱华　许丽婷　高胜寒 ◎ 著

中国政法大学出版社

2024·北京

声　明　1. 版权所有，侵权必究。
　　　　　2. 如有缺页、倒装问题，由出版社负责退换。

图书在版编目（ＣＩＰ）数据

我国行政检察界定及基本运行框架研究/张爱华，许丽婷，高胜寒著.—北京：中国政法大学出版社，2024.5
ISBN 978-7-5764-1458-5

Ⅰ.①我… Ⅱ.①张… ②许… ③高… Ⅲ.①行政诉讼－检察－工作－研究－中国 Ⅳ.①D926.3

中国国家版本馆CIP数据核字(2024)第087871号

出 版 者	中国政法大学出版社
责任编辑	刘晶晶
地　　址	北京市海淀区西土城路25号
邮　　箱	fadapress@163.com
网　　址	http://www.cuplpress.com（网络实名：中国政法大学出版社）
电　　话	010-58908524(第六编辑部) 58908334(邮购部)
承　　印	固安华明印业有限公司
开　　本	880mm×1230mm　1/32
印　　张	6.75
字　　数	150千字
版　　次	2024年5月第1版
印　　次	2024年5月第1次印刷
印　　数	1~1500册
定　　价	59.00元

作者简介

张爱华,男,河北保定人,中共党员,博士,教授,法学基础理论方向,石家庄学院国际交流与合作中心主任兼(国际交流学院院长),曾任法学院法学教研室主任。

许丽婷,女,河北卢龙人,中共党员,法学博士,宪法行政法基本法方向,河北省人民检察院第六检察部,三级高级检察官。

高胜寒,女,河北石家庄人,中共预备党员,河北大学2021级新闻学专业学生,多次获河北大学优秀学生一等奖学金、劳动实践奖学金、三好学生、优秀学生干部等荣誉称号。发表论文《新闻传播专业学生的批判性思维培养策略研究》。

目 录

第一章 绪 论 / 001

第一节 研究缘起 / 001

一、研究背景 / 001

二、研究意义 / 004

第二节 研究现状 / 005

一、境外实践现状 / 005

二、研究概况与文献综述 / 007

第三节 研究方法 / 018

一、解释研究法 / 018

二、比较研究法 / 019

三、历史研究法 / 019

四、实证研究法 / 020

第四节 研究思路 / 020

第二章 检察权介入行政监督的理论基础 / 023

第一节 检察制度 / 023

一、境外检察制度借鉴 / 024

二、我国检察制度的建立 / 031

第二节　检察权的内涵 / 035

一、世界各国检察权的共同内涵 / 035

二、我国检察权的内涵 / 038

第三节　检察权的属性论证 / 040

一、境外检察权性质简述 / 041

二、行政权说 / 041

三、司法权说 / 042

四、双重属性说 / 043

五、法律监督权属性说 / 043

六、多元化权力说 / 044

第四节　我国检察权的法律监督属性 / 045

一、我国检察权的宪法制度基础 / 045

二、对法律监督属性的宪法维度理解 / 048

第三章　行政检察的界定和角色定位 / 058

第一节　行政检察的理论和现实基础 / 058

一、监督制衡理论的实践需要 / 058

二、国家行政法制监督体系需要检察权的共同构建 / 059

三、行政检察监督具备区别于其他监督的优势 / 061

四、行政检察监督的法律和相关依据 / 062

第二节　行政检察的基本范畴和概念 / 067

一、行政检察的基本范畴 / 067

二、行政检察的概念 / 070

目 录

第三节 行政检察的功能与体系 / 073

一、行政检察的功能 / 073

二、行政检察的体系 / 076

第四节 行政检察监督在行政法制监督体系中的角色定位 / 079

一、检察机关法律监督不是国家行政法制监督体系的主导力量 / 079

二、行政检察监督在整个行政法制监督体系中发挥补强作用 / 081

第五节 境外行政检察借鉴 / 082

一、外国行政检察做法 / 083

二、澳门特别行政区行政检察做法 / 085

三、借鉴 / 086

第四章 我国行政检察实践 / 088

第一节 我国行政检察的发展历程 / 088

一、初步探索阶段（1987年—1992年）/ 088

二、稳步发展阶段（1993年—2012年）/ 090

三、新时代行政检察实践（2013年至今）/ 095

第二节 我国行政检察现状分析 / 099

一、行政检察发展取得的成绩 / 099

二、行政检察发展存在的主要问题 / 104

第五章 新时代行政检察的基本理念和原则 / 112

第一节 新时代行政检察坚持的基本理念 / 112

一、坚持服务国家治理理念 / 112

二、坚持精准监督理念 / 113

三、坚持"穿透式"监督理念 / 115

四、坚持"双赢多赢共赢"理念 / 118

第二节 新时代行政检察应遵循的基本原则 / 119

一、坚持制衡法定原则 / 119

二、坚持公益原则 / 120

三、坚持合法性原则 / 121

四、坚持程序公正原则 / 122

五、坚持比例原则 / 123

六、坚持谦抑原则 / 124

第三节 把握好行政检察监督的定位和关系 / 125

一、要把握好行政检察监督与其他监督的关系 / 125

二、要把握好行政检察监督与行政公益诉讼的关系 / 126

三、要把握好谦抑性与主动性的关系 / 129

四、要把握好监督时机和监督效果之间的关系 / 130

第四节 加强行政检察监督和其他监督的衔接 / 133

一、加强行政检察监督与其他检察的衔接 / 133

二、加强行政检察监督与行政审判的衔接 / 134

三、加强行政检察监督与监察监督的衔接 / 135

四、加强行政检察监督与行政机关的衔接 / 136

五、加强行政检察监督与党委、人大的衔接 / 138

第五节 行政违法行为检察监督与有关监督的界分 / 139

一、行政违法行为检察监督与行政审判监督的界分 / 139

二、行政违法行为检察监督与监察委监督的界分 / 141

三、行政违法行为检察监督与行政公益诉讼诉前程序的界分 / 143

第六章 新时代行政检察深化发展的运行框架构想 / 145

第一节 优化行政诉讼检察监督 / 146

一、做优做强行政抗诉监督 / 147

二、加强行政非诉执行监督 / 149

第二节 加强行政违法的行政检察监督 / 152

一、探索开展对行政规范性文件的监督 / 152

二、开展重点领域的行政违法行为检察监督 / 153

三、逐步拓宽行政公益诉讼范围 / 162

四、加强"两法衔接"机制作用发挥 / 163

五、深入开展行政争议实质性化解 / 164

第三节 建立完善的工作机制和保障体系 / 167

一、设置科学合理的监督程序 / 167

二、综合运用多样化的监督手段 / 170

三、加强法律保障和配套制度机制建设 / 178

参考文献 / 183

后　记 / 200

第一章 绪 论

第一节 研究缘起

一、研究背景

行政检察是我国检察机关一项重要的法律监督职能,早在新中国检察制度建立之初,就已经有了行政检察的制度设计和权力配置。根据新中国第一部检察机关组织条例,检察机关是国家公益的代表,可以参加民事诉讼和一切行政诉讼[1]。当时的诉讼程序法还授权检察机关对法院生效民事、刑事裁判通过行使抗诉职权予以监督[2]。由于缺乏足够依据和实践,新中国行政检察的工作并没有留下多少文字记载。1954年颁布的《人民检察院组织法》[3]对检察机关职能大幅度限缩,检察机关参与行政案件的职权被删减[4]。在新中国的法律文件中,行政检察如昙花一现,还未来得及付诸实践,就迅速退出了

---

[1] 参见杨立新:《新中国民事行政检察发展前瞻》,载《河南省政法管理干部学院学报》1999年第2期。

[2] 参见杨立新:《新中国民事行政检察发展前瞻》,载《河南省政法管理干部学院学报》1999年第2期。

[3] 为了行文方便,本书中提及的我国法律规范文件均省略"中华人民共和国"字样,如《中华人民共和国人民检察院组织法》简称为《人民检察院组织法》。

[4] 刘艺:《检察公益诉讼的司法实践与理论探索》,载《国家检察官学院学报》2017年第2期。

历史舞台。

受"文化大革命"影响，1968年检察机关被撤销。1978年，经修订后《宪法》规定，检察机关恢复设置。但受当时的历史条件所限，检察机关的职责仅限定在刑事领域，新中国成立初期对行政检察的规定并没有在此时得到延续和确认。1988年，最高人民检察院（以下简称"最高检"）增设民事行政检察厅，专职办理民事行政检察监督案件。1989年《行政诉讼法》通过，再次明确检察机关对行政诉讼活动进行法律监督，几经沉沦的行政检察终于回归正轨。20世纪90年代，随着行政检察监督的初步开展，学者们对完善行政检察监督手段、加强行政检察监督效能、探索行使行政公诉权等方面进行了多角度的研究和探讨[1]。但受限于当时立法缺失和检察实践不足，无论是理论界还是实务界，对行政检察的认识基本都局限在行政诉讼监督领域，认为行政检察监督就是检察机关对行政审判的监督[2]。

21世纪后，随着经济社会的发展，国家治理体系和治理模式也快速发展，公共行政管理事项激增，行政权渗透到社会的方方面面。社会主要矛盾发生变化，人民群众对民主、法治有了更高的要求和期盼。新时代新形势下，法治政府建设成为全

---

[1] 罗德银：《检察机关应当参与行政诉讼》，载《现代法学》1988年第4期；傅国云：《民事行政抗诉权三题》，载《浙江省政法管理干部学院学报》1993年第1期；周本祥、马济林：《民事行政检察的困惑与出路》，载《法学》1994年第6期；赵丽芬、姜晓巍：《强化民事、行政检察监督势在必行》，载《现代法学》1995年第3期；王祺国：《行政公诉探讨》，载《政治与法律》1987年第3期；郑传坤、刘群英：《行政公诉初探》，载《现代法学》1994年第6期。

[2] 罗豪才主编：《行政审判问题研究》，北京大学出版社1990年版，第417~426页；柯汉民主编：《民事行政检察概论》，中国检察出版社1993年版，第17~27页；王德意、龙翼飞、孙茂强主编：《行政诉讼实务导论》，法律出版社1991年版，第207~241页；刘恒：《行政诉讼检察监督若干问题探析》，载《中山大学学报（社会科学版）》1996年第A3期。

第一章 绪 论

面推进依法治国的重点任务,建设一套强劲有力的行政法制监督体系也成为当务之急,这对新时代行政检察提供更优质高效的法律监督工作提出了新的要求。2014年,党中央明确提出检察机关要加强对行政违法行为的监督[1]。这是中央赋予检察机关的重大政治责任,也是对检察工作作出的重要部署,给新时代检察工作高质量发展提供了根本遵循和重大机遇。

2018年,国家监察体制改革,中国检察制度遭受了自改革开放以来最为严峻的挑战。检察机关职能调整,职务犯罪侦查职能转隶,检察机关一项重要的传统职能被削弱,导致诉讼检察监督职能软化和弱化[2],对检察权行使的固有模式和理念造成了巨大冲击[3]。为适应新时代检察工作发展的新要求,最高检把内设机构改革作为检察工作创新发展的突破口,以上率下,以前所未有的力度和魄力,重塑延续多年的传统监督格局;行政检察、公益诉讼检察得到前所未有的重视,与刑事检察、民事检察并驾齐驱,构成了全新的"四大检察"格局,我国行政检察站在了新的起点上。

行政检察工作自恢复以来,各项工作稳步推进,不断巩固行政诉讼监督优势,加强对行政审判、执行活动的监督,积极开展行政非诉执行监督,探索开展公益诉讼。同过去相比,行

---

[1] 党的十八届四中全会通过的《中共中央关于全面推进依法治国若干重大问题的决定》(以下简称"《全面推进依法治国决定》"),明确要求"完善检察机关行使监督权的法律制度,加强对刑事诉讼、民事诉讼、行政诉讼的法律监督。""完善对涉及公民人身、财产权益的行政强制措施实行司法监督制度。检察机关在履行职责中发现行政机关违法行使职权或者不行使职权的行为,应该督促其纠正。探索建立检察机关提起公益诉讼制度。"

[2] 朱孝清:《国家监察体制改革后检察制度的巩固与发展》,载《法学研究》2018年第4期。

[3] 杨克勤:《论国家监察体制改革背景下的检察工作发展新路径》,载《当代法学》2018年第6期。

政检察取得了长足进步。但是由于行政检察起步晚、时间短，加之长期受重刑事轻民事、重民事轻行政的理念影响，行政检察实务开展、经验积累和理论研究都相对不足，在新形势新任务面前，行政检察的短板和弱项就愈发明显；在新时代新形势下，行政检察的内涵、范畴、制度定位也需要重新进行审视。因此，梳理行政检察实践的现状及存在问题，明确行政检察在行政法制监督体系中的地位和作用，明晰新时代行政检察的内涵、概念、功能和体系，确定新时代行政检察深化发展应遵循的理念和原则，提出业务格局和具体完善路径，对于当前行政检察的发展格外重要。

二、研究意义

加强行政检察研究、合理配置行政检察职权，是对法律监督机关这一宪法定位的积极践行和丰富。有益于进一步丰富检察权的内涵和实践，促进检察业务的全面协调发展，为新时代经济社会发展提供更坚强的法律保障。有益于进一步提升行政检察的监督效力，推动检察机关在国家监督体系中贡献更多力量。有益于更好地维护国家和社会公共利益，维护人民群众人身、财产权益，不断满足人民群众日益增长的法治需要。有益于进一步促进行政权的依法有效运行，提升行政活动规范性和法治水平，确保行政机关依法施政，加快法治政府建设、法治国家建设。我国是个行政大国，这不仅是历史传统，更是当前的现实，也是我国被公认的制度优势。我国当前的政治制度稳固、社会治理成效显著，与行政管理高度集中、决策及时高效是密不可分的，这也使得行政权在国家权力体系中具有权威性，容易出现扩张。加强对行政权的监督，确保行政权依法运行，长期以来都是我国国家治理要解决的重大课题[1]。检察机关是国家宪法确定的法律监督机关，监督、规范行政权的依法运行，是检察机关实现宪法定位、维护法制统一的基本职责。具体而言，检察机关行政检察的发展主要有赖于以下三个方面：

（1）界定行政检察的内涵和概念，明晰行政检察的功能和体系，为行政检察深化发展奠定理论基础。

（2）清晰行政检察在国家行政法制监督体系中的地位，立足宪法定位的法律监督职责定位，厘清行政检察监督与审判监督、纪检监察监督、权力机关监督等监督的关系，运用行政检察的独特优势，发挥在国家行政法制监督体系中的补强功能。

（3）构建行政检察深化发展新格局，确立行政检察监督应遵循的理念和原则；完善同审判机关、纪检监察机关、其他检察工作之间的衔接；构建行政诉讼监督、行政执行监督、行政违法行为监督为基本架构，灵活运用抗诉、检察建议等多种监督手段的行政检察工作架构；完善相关工作机制，推动行政检察深化发展。

第二节　研究现状

一、境外实践现状

在法国，检察官因为具有行政审判组织成员的身份，可以深度参与行政诉讼，有权跟进全部行政诉讼案件的审理[2]。在

---

[1] 中国政法大学法治政府研究院编：《法治政府蓝皮书：中国法治政府发展报告（2017）》，社会科学文献出版社2018年版，第32~49页。

[2] 杨立新：《民事行政诉讼检察监督与司法公正》，载《法学研究》2000年第4期。

德国，行政诉讼公益代表人由检察官担任，有权提起诉讼，检察官有权对政府正在实施的行政执法行为，提出停止之诉，以防止对公共利益造成不可挽回的后果[1]。在美国，联邦总检察长享有广泛职权，只要出于美国国家利益的考虑，可以参与任何行政案件[2]。在英国，检察总长是国家公益的保护者，有权监督行政活动，并基于公益考虑提起诉讼[3]。在苏联，根据联盟宪法，检察机关享有一般监督的职权[4]，检察机关的监督可谓无所不至、无所不及[5]。检察机关有权审查法令的合法性，也有权审查具体行政行为的合法性，对违法行为提出抗议、出具意见书[6]等等。在俄罗斯，基本保留了苏联对行政违法检察监督的做法。在我国澳门特别行政区，检察机关有权在以政府为被告的行政诉讼中，在维护合法性的前提下为政府辩护；或以违反合法性为理由，针对政府各级行政官员的行政行为提起司法上诉，要求法院撤销行政行为或宣告无效等等。

无论上述国家或地区采用什么样的国体、什么样的政体，也不论这些国家或地区采用什么样的监督方式或手段，求同存异，这些国家或地区通过检察机关对行政权进行监督和制衡的初衷是一致的，对行政权依法运行的价值追求目标是完全一致

---

[1] 肖中扬：《论新时代行政检察》，载《法学评论》2019年第1期。
[2] 甄贞等：《检察制度比较研究》，法律出版社2010年版，第349页。
[3] 王名扬：《英国行政法》，中国政法大学出版社1987年版，第206页。
[4] 1977年《苏维埃社会主义共和国联盟宪法》第164条规定，一切部、国家委员会和主管部门、企业、机构和组织、地方人民代表苏维埃执行和发布命令的机关、集体农庄、合作社和其他社会组织、公职人员以及公民是否严格和一律遵守法律，由苏联总检察长及其所属各级检察长行使最高检察权。
[5] 李勇：《传承与创新：新中国检察监督制度史》，中国检察出版社2010年版，第189页。
[6] 谢鹏程选编：《前苏联检察制度》，中国检察出版社2008年版，第202~206页。

第一章 绪 论

的。为了保证监督有力，这些国家和地区通过立法等不同形式，将监督行政权的主体、相应的职责和授权、具体的行使程序和手段等等予以明文规定，从而增强行政检察的权威性和可预见性，达到规范监督行政行为、依法制衡政府权力的目的[1]。同样，这些监督都基于公益目标开展监督活动，都讲求保持监督权行使的谦抑性，注重保持合理的权力边界，兼顾好各方平衡[2]。这些都对我们构建新时代我国行政检察体系提供了有益参考。

二、研究概况与文献综述

（一）现状概述

在中国知网数据库中，以行政检察为主题词进行搜索，显示检索到的结果共计7839条，其中学术期刊1205条，学位论文195条，会议79条，报纸742条，年鉴5494条，专利2条[3]。文献来源以《检察日报》最多，共211篇；《人民检察》第二，共198篇；《中国检察官》第三，共123篇。检察系统的报纸期刊在数量上较其他来源形成压倒性优势。

1205篇学术期刊中，核心期刊216篇，占期刊总数的17.93%。其中，国家社会科学基金26篇，国家重点研发计划2篇，教育部人文社会科学研究项目2篇，中央高校基本科研业务费专项资金项目2篇，教育部新世纪优秀人才支持计划1篇，国家高技术研究发展计划（863计划）1篇，北京市、湖南省、山东省、江苏省、重庆市、河南省项目或基金支持11篇。

---

[1] 陈奇星、罗峰：《略论西方国家的行政监督机制》，载《政治与法律》2000年第3期。

[2] 张智辉主编：《检察权优化配置研究》，中国检察出版社2014年版，第37~40页。

[3] 截止时间为2022年4月20日。

搜索主题词为"行政检察",但1205篇期刊中包含主要主题词为民事行政检察的最多,有146篇;检察监督位列第二,有116篇;民事行政检察监督位列第三,有51篇;而行政检察作为主要主题词的,仅仅排在第六位,有36篇;行政检察监督排位第十,有21篇。主要主题词指向"行政"的期刊,共计118篇,占期刊总数的9.79%。主要主题词指向"民行"或"民事行政"的期刊,共计313篇,占期刊总数的25.98%。其他主要关键词还包括检察机关、公益诉讼、检察建议、检察院等。总体上看,对民事行政检察共同研究的期刊数是单独就行政检察进行研究的期刊论文的2.65倍;早期研究中,对行政检察与民事检察的区别、行政检察的独特性关注得不够。而针对行政检察的专门研究中,对行政检察进行宏观性的研究占比最多,对行政违法行为、行政执法进行专题研究的共占其中的17%。(详情见图一)

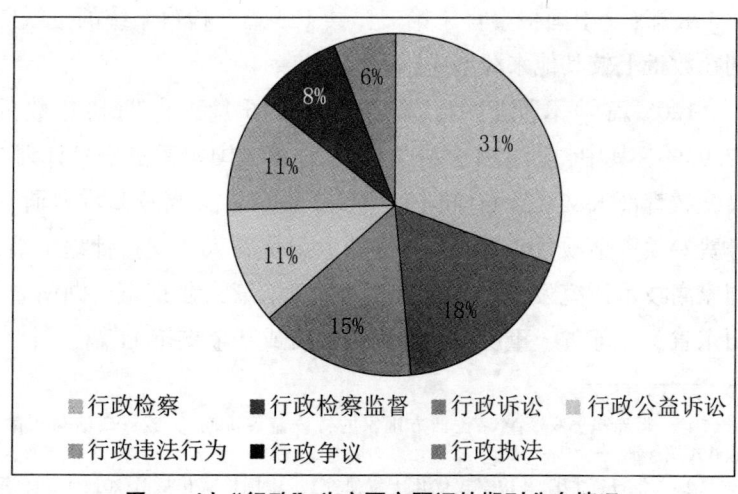

图一 以"行政"为主要主题词的期刊分布情况

最早一篇主题为行政检察论文是 1988 年罗德银在《现代法学》上发表的《检察机关应当参与行政诉讼》[1]。20 世纪 80 年代末、90 年代初，每年的相关期刊只有个位数。1994 年期刊数为 14 篇，首次突破 10 篇。1999 年达到 21 篇，首次突破 20 篇。2000 年到 2006 年，较稳定地保持在每年 20 篇左右的数量。2007 年 28 篇，2008 年 32 篇，2009 年大幅飙升到 52 篇，2010 年稳步增长到 62 篇，之后几年持续增长。2018 年达到巅峰，有 110 篇，截至目前是最多的一年。理论研究经历了 1999 年—2000 年、2009 年—2012 年、2015 年—2018 年 3 个比较显著的增长阶段。（详情见图二）

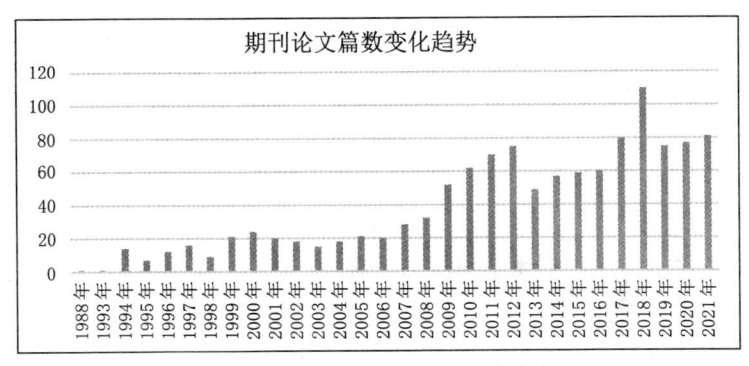

图二　1988 年—2021 年行政检察期刊论文数量变化趋势

（二）理论研究的发展脉络

回顾行政检察的实践和理论发展历程，我们可以看到，每

---

[1] 有学者 2017 年在中国知网数据库，以行政检察、民行检察、行政诉讼监督、行政公诉等为检索主题词，检索得到时间最早的是《环球法律评论》1981 年刊登的译文《匈牙利人民共和国检察院对行政机关的监督》，而最早的学术论文是《中国法学》1987 年刊登的王桂五撰写的《检察制度与行政诉讼》。宋京霖：《我国行政检察监督研究热点与趋势》，载《人民检察》2017 年第 18 期。

次论文数量的增长都与行政检察发展密切相关。生动体现了理论来源于实践，又推动指导实践，并在实践中得到检验的辩证关系。1999年、2000年之际，论文数量的增长，源于行政实践发展进程中各方的关注。那一阶段，大家围绕行政检察的存废展开了激烈的争论；同时基于对行政检察深层次法律权属根基剖析，同期并行的还有对检察权属性的论争。各种理论之间的争论，虽然在一定时期影响了行政检察工作的开展；但经过思考的不断深入、共识不断增加，又对行政检察的发展起到了积极的推动作用。

1. 关于存废之争

自1988年最高检决定开展民事行政检察工作试点开始，直至本世纪初，一直存在着关于民事行政检察制度的存废之争，很多学者参与其中。当时理论界和实务界的观点，主要有：

（1）"取消说"。有学者认为人民检察院抗诉监督的合理性和必要性令人怀疑[1]，有学者认为自检察机关民事抗诉权伊始，就暴露出许多无法解决的矛盾。

（2）"弱化说"。主张可以对法官的违法、违纪和违反职业道德的行为，实施监督和惩戒，但不能监督审判活动，民行检察制度不应再强化。

（3）"有限监督说"。认为要为民事检察监督划定恰当的范围与限度[2]。

（4）"规范说"。认为民行检察制度有其必要性合理性，需

---

[1] 景汉朝：《再审程序剖析及其完善》，1999年行政诉讼法年会论文。
[2] 刘田玉：《民事检察监督与审判独立之关系的合理建构》，载《国家检察官学院学报》2004年第1期。

第一章 绪 论

要加以规范和完善[1]。

（5）"强化说"。认为在我国民行检察制度不可或缺，有必要加以强化和完善[2]。

实务界中，法官和检察官在这一主题的争论中，呈现出因职业差异而观点针锋相对的鲜明特点。他们中有些人主张取消或弱化民行检察监督，认为没有或者很少有国外检察机关监督行政诉讼[3]。但也有学者指出，这是对国外检察机关职权的错误认识。实际上，俄、法、德、日、英、美等很多国家检察机关普遍都有对诉讼活动实施监督，或作为公共利益代表人提起诉讼或参与诉讼[4]。还有观点以担心民行检察监督会影响法院审判权的独立性[5]、损害司法权威、与当事人处分权存在冲突[6]、破坏当事人之间的诉讼结构平衡[7]等等为由。这样的

---

[1] 蔡彦敏：《从规范到运作——论民事诉讼中的检察监督》，载《法学评论》2000年第3期。

[2] 陈桂明：《民事检察监督之系统定位与理念变迁》，载《政法论坛》1997年第1期；张晋红、郑斌峰：《论民事检察监督权的完善及检察机关民事诉权之理论基础》，载《国家检察官学院学报》2001年第3期；肖建华：《刍议建立民事审判程序内部检察监督机制》，载《人民检察》1996年第10期。

[3] 景汉朝、卢子娟：《审判方式改革实论》，人民法院出版社1997年版，第58页。

[4] 谢志强：《行政检察制度比较研究》，载《河北法学》2010年第9期；王守安、田凯：《论我国检察权的属性》，载《国家检察官学院学报》，2016年第5期；邹桦：《英法两国古代检察权起源分析研究》，载《法制博览》2018年第30期；单姣姣：《德国检察制度述评——兼论对中国检察制度改革的启示》，载《闽西职业技术学院学报》2017年第2期；耿玉娟：《独联体国家检察制度比较研究》，载《俄罗斯东欧中亚研究》2014年第4期。

[5] 蔡彦敏：《从规范到运作——论民事诉讼中的检察监督》，载《法学评论》2000年第3期。

[6] 林劲松：《民事抗诉制度的基础性缺陷》，载《河北法学》2005年第1期。

[7] 汤维建：《我国民事检察监督模式的定位及完善》，载《国家检察官学院学报》2007年第1期。

论争直到21世纪初才逐渐落下帷幕，形成了民事行政检察监督不仅要坚持，还要加强的共识。

从根本上看，理论上的争论与分歧主要源于实践的不足和由此导致的论据匮乏。受行政检察发展薄弱的影响，这些争论更多聚焦于民事检察，很少单独就行政检察进行探讨。

2. 检察权的属性之论

对行政检察的存废之争，还主要源于对检察权属性的认识分歧。如果检察权被定义为行政权，那么对同样属于行政权的行政行为进行监督，合理性就更受质疑。与行政检察存废之争并行，理论界与实务界就检察权的属性也进行了广泛的讨论。主要观点包括：

（1）"行政权说"认为检察权具有行政权的属性和特点。检察机关的上下级领导体制和"检察一体制"的权力行使方式都是典型的行政模式。检察机关的权力不具司法权的终局性，侦查权、公诉权的行使也不具有司法权的被动性、中立性[1]。

（2）"司法权说"认为检察权在本质上属司法权。法官和检察官，都是为了实现法治和维护公益，都是通过诉讼的方式行使职权，都具有中立性，组织和活动上都具有独立性，且享有的保障和待遇基本相同[2]。

（3）"双重属性说"认为检察权具有行政权的本质特征，也具有明显的司法属性，是行政权与司法权的集中体现[3]。而

---

[1] 徐显明：《司法改革二十题》，载《法学》1999年第9期；陈卫东：《我国检察权的反思与重构——以公诉权为核心的分析》，载《法学研究》2002年第2期；郝银钟：《检察权质疑》，载《中国人民大学学报》1999年第3期。

[2] 徐益初：《析检察权性质及其运用》，载《人民检察》1999年第4期；倪培兴：《论司法权的概念与检察机关的定位——兼评侦检一体化模式（上）》，载《人民检察》2000年第3期。

[3] 洪浩：《检察权论》，武汉大学出版社2001年版，第93~102页。

第一章 绪 论

在这两种特性之中，检察权表现出的行政特性更为突出[1]。

（4）"法律监督说"认为，检察机关职务犯罪侦查（监察体制改革前，职务犯罪侦查是检察机关的一项重要职责）和对诉讼的监督职责的履行，是实现监督和制约行政权、审判权的重要途径[2]。检察权是监督制约力量的代表，肩负着监督权力以防滥用、维护人民主权的双重使命[3]。无论将检察权单纯定性为行政权，还是单纯定性为司法权，都存在理论与实践上的悖论。只有法律监督权才能准确、全面、客观地反映检察权在国家权力体系中的定位；只有法律监督权才能准确呈现出检察权与其他国家权力之间的关系，才能准确呈现出检察权的宗旨和功能[4]。

（5）"多元化权力说"认为从权力行使的方式和特征上看，检察权具有法律监督权、司法权和行政性的复合属性[5]。

目前，"法律监督说"是较主流的观点。我国的国家权力架构下，检察权与行政权、监察权、审判权等都是独立运行的权力。检察权跟其他国家权力相比，最与众不同、最具特色的就是《宪法》明确规定的法律监督职权；而司法权属性确实存在于检察权当中，但只是检察权属性中的次要方面，是局部的，

---

[1] 周永年：《关于当前检察改革的若干理性思考》，载《政治与法律》2003年第5期。
[2] 谢鹏程：《论检察权的性质》，载《法学》2000年第2期；王戬：《法律监督权：我国检察权的本质属性》，载张智辉主编：《中国检察——法律监督与检察工作机制》（第14卷），北京大学出版社2007年版，第2~3页；石少侠：《论我国检察权的性质——定位于法律监督权的检察权》，载《法制与社会发展》2005年第3期。
[3] 李黎明：《强化法律监督的制度设计》，载《陕西检察》2005年第1期。
[4] 张智辉：《中国特色检察制度的理论探索——检察基础理论研究30年述评》，载《中国法学》2009年第3期。
[5] 龙宗智：《检察制度教程》，法律出版社2002年版，第98~104页。

不是检察权属性中的主要矛盾，更不是矛盾的主要方面。

（三）当前研究的主要观点

2015年至2018年，行政检察理论研究成果之所以出现井喷式增长，原因是多方面的。按时间顺序分析，2014年，中共中央发布《全面推进依法治国决定》，明确部署检察机关探索开展公益诉讼、加强对行政违法行为的监督。根据该决定，2015年检察机关即开始推行公益诉讼试点工作。2017年《民事诉讼法》《行政诉讼法》双双修改。2018年监察体制改革到位，检察机关职务犯罪侦查职能转隶。深刻变革后的检察机关打造了"四大检察""十大业务"的监督格局，行政检察部门与民事检察部门分设办公。这一系列的实践变革呼唤理论的支持、指引，也极大地激励了理论界与实务界对行政检察进行研究。因而这一时期的期刊论文数量达到历史巅峰，除了2018年达到110篇，近3年都保持80篇左右。整体看，研究热点相对集中，前一个阶段主要集中在行政公益诉讼，后一时期较多转向行政违法、行政检察等专题的研究。

关于行政公益诉讼的研究，在功能作用、具体案件线索来源等方面，学者们都有不同的认识。有观点认为其功能是依法督促行政机关履行法定职责，以维护公共利益、维护法制的统一[1]。还有观点认为行政公益诉讼是通过监督制约机制和责任追究机制监督政府依法施政[2]。有观点认为要遵循依法原则，确保行政公益诉讼权的正当行使，对起诉、案件受理、诉讼前

---

[1] 高家伟：《检察行政公益诉讼的理论基础》，载《国家检察官学院学报》2017年第2期。

[2] 姜明安：《推进行政公益诉讼，加强对行政违法行为和行政不作为的检察监督》，载《行政法论丛》2017年第2期。

第一章 绪 论

置程序等各方面进行审查[1]。对于"检察机关履职中发现"的理解，是采取狭义界定还是广义界定[2]，对行政不作为是采用实质性履行还是形式履行的判断标准[3]，学者们都展开了讨论。对行政公益诉讼的完善路径，有观点认为应采用概括、列举等方式确认是否属于行政公益诉讼的受案范围[4]。有观点认为行政公益诉讼具有客观诉讼的特征，因此应构建配套的客观诉讼机制[5]。

关于行政检察内涵的研究，各种观点之间的分歧更加明显。有观点认为，对行政诉讼的监督，是行政检察业务中历史最悠久的一项，也是法律规范保障最充分，指引最清晰，运作最成熟的一种监督，不仅属于行政检察工作的范畴，更是行政检察监督的核心[6]。行政公益诉讼是典型的对特定领域行政违法行为的监督[7]，检察机关通过诉前检察建议、提起诉讼的方式行

---

[1] 黄忠顺：《论诉的利益理论在公益诉讼制度中的运用——兼评〈关于检察公益诉讼案件适用法律若干问题的解释〉第 19、21、24 条》，载《浙江工商大学学报》2018 年第 4 期。

[2] 杨解君、李俊宏：《公益诉讼试点的若干重大实践问题探讨》，载《行政法学研究》2016 年第 4 期；胡卫列、田凯：《检察机关提起行政公益诉讼试点情况研究》，载《行政法学研究》2017 年第 2 期。

[3] 刘艺：《检察公益诉讼的司法实践与理论探索》，载《国家检察官学院学报》2017 年第 2 期。

[4] 许尊琪：《完善检察机关行政公益诉讼制度的思考》，载《法制博览》2022 年第 9 期。

[5] 刘艺：《构建行政公益诉讼的客观诉讼机制》，载《法学研究》2018 年第 3 期。

[6] 张相军：《关于做好新时代行政检察工作的思考》，载《中国检察官》2019 年第 7 期。

[7] 《行政诉讼法》第 25 条第 4 款规定："人民检察院在履行职责中发现生态环境和资源保护、食品药品安全、国有财产保护、国有土地使用权出让等领域负有监督管理职责的行政机关违法行使职权或者不作为，致使国家利益或者社会公共利益受到侵害的，应当向行政机关提出检察建议，督促其依法履行职责。行政机关不依法履行职责的，人民检察院依法向人民法院提起诉讼。"

使检察监督权。也有观点认为行政诉讼监督和对行政行为的监督是有本质不同的,应该进行精准的区分。行政检察只能单纯界定为对诉讼外行政行为的检察监督,不包含对行政诉讼的检察监督[1];对行政诉讼的监督应属诉讼监督范畴,不是行政检察[2]。行政检察区别于诉讼监督,针对是否符合《宪法》或者法律直接对行政行为开展监督。并且应该严格限定在行政主体实施的外部行政管理活动的范围内,刑事司法、行政立法、行政内部管理统统不是行政检察监督的范畴。行政公益诉讼诉前程序属于行政检察,但行政诉讼监督、行政公益诉讼都不属于行政检察范畴[3]。有观点认为行政检察监督应涵盖与公民权利密切相关的具体行政行为[4],有的认为要聚焦严重损害公共利益但不涉及个人权益的行政行为[5]。在行政检察原则方面,有学者认为监督内容限于合法性审查,并以事后监督为主[6]。有学者认为行政检察要积极主动,发挥检察权的主动性[7]。还有学者认为要坚持适度原则,既要相对节制,把握有限监督,

---

[1] 姜明安:《论新时代中国特色行政检察》,载《国家检察官学院学报》2020年第4期。

[2] 陈瑞华:《论检察机关的法律职能》,载《政法论坛》2018年第1期。

[3] 陈家勋:《行政检察:国家行政监督体系中的补强力量》,载《现代法学》2020年第6期。

[4] 韩成军:《具体行政行为检察监督的制度架构》,载《当代法学》2014年第5期。

[5] 刘畅、肖泽晟:《行政违法行为检察监督的边界》,载《行政法学研究》2017年第1期。

[6] 刘华英:《违法行政行为检察监督实践分析与机制构建》,载《暨南学报(哲学社会科学版)》2016年第8期;傅国云《论行政执法检察监督》,载《法治研究》2017年第4期。

[7] 肖中扬:《论新时代行政检察》,载《法学评论》2019年第1期;李傲、臧荣华:《略论我国的行政检察原则》,载《法学评论》2014年第5期;傅国云:《行政检察监督的特性、原则与立法完善》,载《人民检察》2014年第13期;田凯:《行政检察制度初论》,载《人民检察》2014年第11期。

第一章 绪 论

也要发挥主动[1]。

对于如何完善行政检察监督的路径,学者们也给了很多有益的建议。有观点指出,要践行理念变革,引领行政检察创新发展[2]。有观点认为,要立足行政检察的公益性,发挥行政检察能动、柔性等优势,开拓出一条高效、便宜的解决行政争议的新路径[3]。有观点从行政检察的概念、内涵、原则、制度、机制等各方面进行了较系统的论述[4]。还有观点认为,行政检察包含行政诉讼检察监督,故而应该强化对行政诉讼立案、审判、执行等环节的检察监督职能[5]。

比较以上观点,我们可以发现,对行政检察的内涵的探讨,实际上存在不同的维度。第一个维度是立足于行政检察在检察职能中的定位,即立足于检察权对行政权监督的维度;第二个维度是从国家行政法制监督体系的维度,即从行政权的维度;还有一个维度是从国家治理的维度。这些维度彼此联系,并不是截然对立的。对行政检察的探讨,离不开检察监督职能,也离不开行政监督的整体监督体系,更离不开国家治理这个大的体系。本书研究的基础和立足点,是法律监督属性检察权配置下的行政检察;研究的目的和落脚点,是促进行政检察的更好

---

[1] 肖金明:《建构、完善和发展我国行政检察制度》,载《河南社会科学》2011年第6期。
[2] 张昊天:《践行理念变革引领行政检察创新发展》,载《中国检察官》2020年第1期;宫鸣:《检察机关服务和保障国家治理效能探究》,载《人民检察》2021年第5期。
[3] 解志勇:《行政检察:解决行政争议的第三条道路》,载《中国法学》2015年第1期。
[4] 肖中扬:《论新时代行政检察》,载《法学评论》2019年第1期。
[5] 吕涛:《行政检察新论》,载《人民检察》2015年第2期;华炫宁:《在实践和理论的相互证成中创新行政检察工作——首届做实行政检察论坛会议综述》,载《人民检察》2021年第8期。

发展,更好发挥检察权在行政法制监督体系中的独特作用。因此倾向于将行政检察界定为检察机关依据法律授权、运用法定手段对行政执法等行政行为及行政诉讼等活动进行检察监督并产生法律效力的特定活动。当前检察机关已经开展的、正在积极探索的和未来可能开展的有关行政权监督的检察工作,都是行政检察涵盖的范围。本书探讨的是大行政检察概念,是立足检察权角度的探讨,不局限于现有检察制度框架下对行政检察部门、行政公益诉讼的机构分设和业务分工。

第三节　研究方法

我国检察制度源自我国国情,与我国政治、经济、社会发展状况和历史文化传统紧密相连。必须牢牢立足于中国共产党领导下的中国特色社会主义根本制度,立足全国人民代表大会政治体制,立足人民民主专政国家体制。立足国情与放眼世界是辩证统一的,立足国情的同时,要注意吸收和借鉴境外行政检察制度发展的有益成果,为我所用。

一、解释研究法

通过对《宪法》《行政诉讼法》《检察院组织法》《监察法》《立法法》等法律、法规及规范性文件的解读,研究当中的概念、原则、职权、程序等,分析、阐释行政检察相关法律含义。将枯燥的法律条文与生动的检察实践相结合[1],用法律规定检验实践,根据实践思考法律立法原意与拓展空间。

---

[1] 朱孝清、张智辉主编:《检察学》,中国检察出版社2010年版,第26~31页。

二、比较研究法

通过比较,人们才能对事物有更全面的认识。检察制度并非直接承继自中华文化,而是向西方文化学习得到的舶来品。检察制度作为一种法律制度,是人类文明的结晶,各国各具特色,但也存在共同的特点和规律,呈现出共性和个性并存、绚丽多彩的景象。通过对世界不同法系、不同国家、不同地区检察制度的对比研究,可以拓宽视野;但在吸收、借鉴时要结合自身实际,借助他山之石,更好地完善我国检察制度,推动行政检察实务深化发展。

三、历史研究法

不同于通过横向对比进行的比较研究,历史研究是从历史的长河中进行更加深邃、纵深的比较,这是马克思历史唯物论的基本方法[1]。现代的行政检察是基于特定的历史、文化和制度渊源逐步发展而来。本研究从检察制度引入中国之初开始回顾,沿着检察制度在中国发展的曲折历程,对行政检察的发展进行了全面的梳理。有顺境、有逆流,这就是行政检察的历史、行政检察发展的土壤。作为政治性极强的业务机关,行政检察的历程绝不仅仅是检察制度自身的发展历程,行政检察的未来也绝不仅仅是检察制度自身的未来,而是与国家法治发展息息相关、紧密相连。本书坚守以史为鉴的基本立场,客观评判行政检察的过往与现实,以国家法治进程为背景展望行政检察未

---

[1] 列宁认为用马克思主义理论分析社会问题时,都要把问题放到一定的历史范围之内。《列宁全集》(第25卷),人民出版社1988年版,第269页。

来发展趋势。

四、实证研究法

行政检察制度如同其他法律制度一样，都是社会实践的产物，都根据实践的需要而产生，都要接受实践的检验，并在反复的验证与发展中螺旋式上升。对检察制度如何合理构建，权力如何科学配置的问题，必须要结合国情、结合检情进行设计和判断。本研究对1987年以来最高检工作报告中关于行政检察工作的总结、部署进行了系统梳理，客观比较、分析了35年来行政检察的监督领域、举措等内容，分析总结出当前行政检察现状及存在的主要问题及下一步要努力的方向。

第四节　研究思路

本书分六章进行阐述：

第一章为绪论。简要介绍本书研究问题的提出背景及研究意义，行政检察理论研究发展脉络及主要观点，行政检察实践发展历史和概况，介绍运用的主要研究方法，文章总体结构和思路逻辑。

第二章为检察权监督行政权的理论基础。从检察权的基础理论入手，以世界各国检察权为借鉴，立足我国宪法制度基础和基本国情，阐述我国检察权的属性和内涵，回答检察权能否监督行政权的问题，也即行政检察合理性、合法性的最根本问题。检察权的根本属性，取决于检察权的宪法定位，取决于检察权在国家权力架构中的角色安排，从本质上而言，是国家政治体制在监督体系构建中的本质反映。这是本书进行论证的逻辑根基。本章梳理了对我国检察制度产生重要影响的法、德、美、英、苏联、俄罗斯等国家或地区的检察制度，回顾了我国检察制度产生以来的曲折历程，对我国检察权法律监督属性进行宪法制度基础、内涵、特点等方面的论述。我国检察权特定的历史、独有的政治土壤、独特的特点都对行政检察有着不可忽视的影响。

第三章为行政检察的界定和定位。行政检察的范畴并不是一成不变的，而是随着时间的发展不断优化。通过分析理论界和实务界的观点，结合我国行政检察的实际，行政检察监督源于权力监督理论和我国《宪法》的直接规定，是检察权监督制约行政权的体现。因而行政诉讼检察监督（包含执行监督、非诉行政执行监督）、行政违法行为监督、公益诉讼等都是行政检察的范畴。从行政权本身的属性看，权力的监督制衡是世界通行做法，被监督是行政权自身的客观需要。从检察机关的宪法定位看，监督行政权依法运行是法律监督的应有之义。行政检察固然重要，但纵观历史和现实，行政检察从未也不会成为国家行政法制监督体系的主要组成部分。检察权的特有属性决定了行政检察监督在国家行政法制监督中具有独特的优势，检察机关应结合自身优势，发挥好在行政法制监督体系中的补强作用。

第四章为我国行政检察实践及现状分析。通过改革开放后检察机关恢复建院以来最高检35年的工作报告，对行政检察30余年的实践进行了较为系统的梳理回顾。根据行政检察自身发展水平、状况，检察工作总体布局以及国家法治发展进程，将行政检察的发展划分为初步阶段、稳步发展阶段、新时代行政检察实践三个阶段。30余年来，我国行政检察始终坚持以人民为中心,服务国家经济社会发展大局,监督方式不断丰富、监督规范不断完善,取得了长足进步。但在新的监督格局中,行政检察仍旧处于最短、最小、最冷、最弱的地位,还存在监督规范不足、案件格局有待拓展、规律性认识不够充分、人员力量薄弱等一系列亟待解决的问题。

第五章为新时代行政检察深化发展的理念和原则。要实现新时代行政检察的深化发展,必须有正确的指导工作理念和原则,必须要准确认识行政检察监督与其他监督之间的关系。要推动新时代行政检察更好发展,必须要秉持服务国家治理、精准监督理念,穿透式监督理念,"双赢多赢共赢"理念;坚持制衡法定原则、公益原则、合法性原则、比例原则;把握好行政检察与其他监督之间的关系,把握好监督的时机和监督的效果之间的关系,加强同其他检察监督、纪检监察监督、审判机关监督等衔接,形成最大监督合力,在行政法制监督体系中贡献行政检察的特有力量。

第六章为新时代行政检察深化发展的运行框架构想。实现行政检察的深化发展,既要巩固原有的行政检察业务,又要不断拓展新领域、完善新制度。要积极构建行政诉讼检察监督与行政诉讼外行政违法行为检察监督双格局,进一步对行政诉讼进行检察监督,做优做强行政抗诉,加强行政非诉执行的行政检察监督。积极探索开展对行政规范性文件的监督,开展涉及公民人身、财产权利违法行政行为的监督,逐步拓展公益诉讼范围,发挥"两法衔接"机制作用,持续推进行政争议实质性化解。通过设置合理的监督程序,综合运用多样化的监督手段提升监督效能,并加强法律保障和配套制度机制建设。

第二章
检察权介入行政监督的理论基础

第一节 检察制度

任何权力都容易滥用,这是亘古不变的经验。要防止权力的滥用,就必须用权力来制约权力[1]。检察制度就是人类文明对权力制约的发展和进步,是司法文明发展到一定阶段的产物。检察制度从诞生至今,大概七百多年的历史,在历史的长河中是短暂、年轻的,远不及警察制度、审判制度久远[2],但在人类法治进程中发挥了重要作用。

世界上没有两片完全相同的叶子,也没有两片完全不同的叶子。受本国的政治、经济、文化、历史等因素的影响,世界各国的检察制度可谓是百家争鸣、百花齐放。即便是相同的国家制度、相同的法律体系,各国的检察制度也都不尽相同[3]。但各国检察制度异曲同工,都是在权力监督体系中发挥重要的监督制约功能。监督制约,正是检察制度的精髓和灵魂所在。美国学者马特.威廉姆斯认为,"通过接纳外国人民、接受他们的思想,弱小的美国才成长为强大的美国。只有通过对其他国

---

[1] [法]孟德斯鸠:《论法的精神》(上卷),商务印书馆2012年版,第154页。
[2] 孙谦主编:《中国检察制度论纲》,人民出版社2004年版,第402页。
[3] 孙谦:《关于中国特色社会主义检察制度的几个问题》,载《人民检察》2016年第C1期。

家的了解，我们才开始看清自己。[1]"他山之石可以攻玉。我国的检察制度本就借鉴于外国，通过审视外国检察制度，溯源我国检察制度与其内在联系，可以更好地探寻其中规律，推动其实现更好的发展。

一、境外检察制度借鉴

检察制度并非自古就有，也并非同法律相伴而生。世界上最早的检察制度的诞生，学界有"一源论"、"二源论"之分。"一源论"认为建立现代检察制度的第一个国家是法国，发展成熟之后，传到德国等欧洲国家，再经这些国家传播到世界各国。"二源论"主张大陆法系的检察制度和英美法系的检察制度各有起源、各有传承，但同时也承认法国是最早建立现代检察制度的国家。[2]

（一）法国检察制度

中世纪的法国是西方检察制度的发端地。检察制度出现之前，欧洲中世纪司法奉行"私诉"，即"纠问式"司法，由法官主导，"一体式"行使受案、侦查、开庭、执行等所有职权。公元12世纪初，法国出现了类似检察官的"国王代理人"。对于设立代理人，一部分说法是国王意识到犯罪损害国家统治秩序和统治利益，而不纯粹对个人造成侵害[3]。也有一部分说法认为是因为国王与封建领主之间激烈的权力争斗。随着社会发展，国王与封建领主之间的经济利益、政治利益冲突不断加剧。

---

[1] 张建伟：《司法竞技主义——英美诉讼传统与中国庭审方式》，北京大学出版社2005年版，序言。
[2] 薛伟宏：《中外检察制度漫谈》，载《中国检察官》2016年第13期。
[3] 张兆松主编：《检察学教程》，浙江大学出版社2009版，第57页。

第二章　检察权介入行政监督的理论基础

为了加强中央集权，国王开始通过制度设计限制封建领主的权力。其中一项制度就是向各个领地派驻国王代理人。国王代理人的职权范围逐渐不再局限于处理国王与封建领主之间的财政、领土等方面的纠纷，而是拥有了在法庭上支持公诉的职能，并逐渐演化为公诉人[1]。路易十四时，国王的代理人正式被命名为总检察官[2]。法国资产阶级革命后，检察制度在欧洲得到推广。检察权被资产阶级政权运用到"分权制衡"架构下的权力制衡中，作为一项重要的制衡工具[3]。1808年法国《刑事诉讼法典》（或称《拿破仑治罪法典》）将检察制度以法律的形式予以明确，现代检察制度就此确立，检察官在刑事诉讼中的地位、职权、履职程序都有了法律依据和明确规范[4]，对欧洲乃至全世界都产生了重要而深远的影响。法国的检察机构设于法院内，检察官的身份同法官类似，被称为"站着的法官"[5]。

（二）德国检察制度

德国检察制度深受法国影响，结合自身实际进行了选择性的引进和发展。检察官的职权主要包括制约审判权，保证审判的客观性、公正性；但不得监督法院审判、也不能干预民事诉讼。检察官主导侦查程序、决定侦查活动的终结，以保障人权、维持国家法制[6]。检察系统附设于法院，实行一体化管理原则，

---

[1] 王桂五主编：《中华人民共和国检察制度研究》，法律出版社1991年版，第5页。

[2] 潘度文：《我国民事诉讼中检察机关角色研究》，中国政法大学2005年博士学位论文。

[3] 洪浩：《检察权论》，武汉大学出版社2001版，第62页。

[4] 王淑贤主编：《中国检察学》，兰州大学出版社1988年版，第67页。

[5] 刘毓：《中外检察制度比较研究》，载《成功（教育）》2007年第2期。

[6] 戴玉忠：《检察学的发展历史、研究现状与前瞻》，载《人民检察》2007年第15期。

上下级是领导关系。领导体制分为联邦体系与邦体系。联邦总检察长隶属于司法部，接受司法部长的指令并对司法部长负责。联邦总检察长下设联邦总检察院，是完全独立的检察机构，受联邦总检察长的领导，负责联邦管辖的法律事务。邦的检察机构体系参照联邦，邦高级检察院检察长要接受邦司法部长的指令。检察官负有法律守护人的客观义务。检察官身份保障同法官相同。[1]

（三）日本检察制度

我国的近邻日本，检察制度也独具特色。日本在明治维新初期学习法国检察制度，明治维新中期又以德国为蓝本，对检察制度进行改革发展，二战后又融入了美国诉讼制度的特点。日本检察官实际掌控侦查、公诉、审判、执行等刑事诉讼程序全程，担负着刑事司法总枢纽的重要作用，并且有和法官相同的身份保障。检察机关1947年从法院中分离出来，形成独立体系[2]。日本检察官和检察厅具有行政和司法两重性质。组织上，检察机关作为内阁行政的一环，向国务大臣负责；上下级之间实行一体化原则，上级对下级拥有指挥监督权。检察机关以维护公共秩序和尊重基本人权为根本目的[3]。

（四）英国检察制度

英国的检察制度也是由国王代理人演化发展而来。由于缺少大陆法系国家封建君主强有力的中央集权地位，英国君主只能采用平等的诉讼途径实现其所拥有的经济、政治等各方面权力。13世纪英国开始有国王代理人，代理起诉涉及君主的土地、

---

〔1〕单姣姣：《德国检察制度述评——兼论对中国检察制度改革的启示》，载《闽西职业技术学院学报》2017年第2期。

〔2〕戴玉忠：《检察学的发展历史、研究现状与前瞻》，载《人民检察》2007年第15期。

〔3〕裘索：《日本国检察制度》，商务印书馆2011年版，第2~3页。

租金等的诉讼案件，还有调查杀人案件等职权[1]。最初，国王代理人以律师身份工作，15世纪下半叶，正式改名为总检察长，并设置"国王的辩护人"职位。16世纪初，"国王的辩护人"改名为副总检察长，标志着英国正式建立了检察制度。20世纪中叶，检察机构具有相对的独立性，实行垂直领导，检察官拥有了完全意义上的公诉权[2]。总检察长和副总检察长领导中央检察机构，总检察长还直接领导地方检察机构的检察官。检察机关的公诉权得到了强化，并拥有了指导警察进行侦查活动的权力。与大陆法系的集权特点不同，以英国为代表的英美法系检察制度，当中渗透着个人权利优先保护，以公民权利制约司法权力的基本价值取向[3]。虽然最初只有公诉权的内容，但也逐步具备了诉讼监督和侦查的职能[4]。

（五）美国检察制度

美国的检察制度受到诸多文化的影响，其中，受英格兰法传统的影响更多[5]。殖民地时期，英国人将英国司法制度引进北美，对后来美国的社会发展和司法文化产生了深远的影响。美国承继了英国的普通法系传统，也承继了英国检察制度的主要特征和基本格局。美国独立之前，英国向北美13个殖民地都派驻了检察官，并设有总检察长的职位。总检察长作为英国君主的代表，保障英国君主的财产、收益，提起诉讼，在维吉尼

---

[1] 金明焕主编：《比较检察制度概论》，中国检察出版社1993年版，第18~20页。
[2] 肖扬主编：《当代司法体制》，中国政法大学出版社1998年版，第18~20页。
[3] 王淑贤主编：《中国检察学》，兰州大学出版社1988年版，第67页。
[4] 戴玉忠：《检察学的发展历史、研究现状与前瞻》，载《人民检察》2007年第15期。
[5] 张鸿巍：《美国检察制度研究》，法律出版社2019年版，第14页。

亚等地,甚至监督公开和税收等行政权力[1]。同时出现的地方检察官也逐渐在郡法院中担负越来越多的刑事犯罪追诉职责。美国地方检察制度脱胎于殖民地时期,而联邦检察制度则是独立之后才逐步发展起来。联邦总检察长和副总检察长分别由司法部长、副部长兼任,在联邦检察体系内,总检察长领导联邦的检察官,是联邦政府的首席法律官员和顾问;在司法部的系统内,他的身份又是司法部的首脑,管理联邦的司法行政工作[2]。联邦检察机关和州检察机关是两套完全分立的体系,互不隶属。

以上国家不论是大陆法系国家,还是英美法系国家,都奉行"分权制衡"政治体制。检察权在这些国家的权力架构中,都具有一定的法律地位,但不是依附于行政机构、就是依附于审判组织,很少有自成体系的。

(六) 苏联检察制度

十月革命后,检察权在国家权力体系中成为一个独立组成部分,并且首次被定义为法律监督机关[3];苏联时期,这套检察制度逐步发展成熟完善,明确规定了检察机关行使的权力称为检察权[4]。组织设置上,检察机关与审判机关分离,成为一个相对独立的系统。检察机关实行上下垂直领导体制,总检察长领导整个检察机关。检察官享有与法官一样的司法官待遇。检察机关既行使公诉权,又履行一般监督权和司法监督权,检

---

[1] 张鸿巍:《美国检察制度研究》,法律出版社2019年版,第21页。

[2] 张穹、谭世贵:《检察制度比较研究》,中国检察出版社1990年版,第327~346页。

[3] 根据1922年俄国《检察监督条例》,检察机关不仅是公诉机关,而且是法律监督机关。孙谦主编:《中国检察制度论纲》,人民出版社2004年版,第16页。

[4] 1936年苏联宪法第113条规定:苏联总检察长对于所有的部和这些部所属的机关以及每一个公职人员和苏联公民是否严格遵守法律,行使最高检察权。戴玉忠:《检察学的发展历史、研究现状与前瞻》,载《人民检察》2007年第15期。

察权作为国家的监督权力，拥有绝对的权威。检察机关是"国家的眼睛"[1]。这是一种与以往"分权制衡"架构下的检察制度全然不同、耳目一新的检察制度。苏联解体后，俄罗斯、白俄罗斯、乌克兰独联体国家，基本都沿用了这套检察制度[2]。

（七）我国港澳台地区检察制度

1. 我国澳门特别行政区检察制度

澳门特别行政区检察制度深受大陆法系检察制度的影响，尤其是葡萄牙检察制度的影响。葡萄牙检察院独立运作，不隶属司法部，但司法部长就涉及政府的民事案件向检察院发出指示。共和国总检察长由政府建议，共和国总统任命，共和国总检察长公署是检察院的最高机关，负责管理各级检察官。澳门回归前，长期沿袭葡萄牙的司法制度。1894年，澳门地区法院成立，葡萄牙派驻该法院的检察官首获公诉权。1929年葡萄牙的《刑事诉讼法典》在澳门生效，澳门检察官地位提升。根据1991年《澳门司法组织纲要法》，澳门检察官公署更名为澳门检察院。回归祖国后，澳门特别行政区以《澳门特别行政区基本法》为根本依据，建立起与《澳门特别行政区基本法》规定相衔接的、独立完整的特别行政区司法体系，特别行政区的检察制度正式建立。检察院的职责主要为在法庭上代表澳门特别行政区提起刑事诉讼，维护合法性及法律规定的利益，监督《澳门特别行政区基本法》的实施等。采用"一院建制"设立，三级法院派驻的运作模式。检察院独立运作、不向其他机关负责，检察官独立办案。检察长由行政长官提名报请中央人民政

---

[1] 王建国等：《中俄检察制度比较研究》，法律出版社2017年版，第194页。
[2] 耿玉娟：《独联体国家检察制度比较研究》，载《俄罗斯东欧中亚研究》2014年第4期。

府任命。检察官与法官统称为司法官,受澳门特别行政区《司法官通则》的规范和保障[1]。

2. 我国香港特别行政区检察制度

由于历史原因,香港特别行政区检察制度深受英美法系检察制度的影响,尤其是英国检察制度的影响。回归前长期沿袭英国的司法制度,回归祖国后,香港特别行政区以《香港特别行政区基本法》为根本依据,建立起独立、完整的特别行政区司法体系。律政司作为香港特别行政区的行政机关,主管刑事检察工作,不受任何干涉。律政司司长作为特区主要官员,由行政长官提名并报请中央人民政府任命,是香港特别行政区政府的首席法律顾问。律政司主要职责包括:加强社会对法治的了解和实践;担任公众利益维护者;坚守独立的刑事检察职能;为政府提供独立和专业的法律意见;拟备清晰、易于理解及方便阅览的法例;提升和推广香港作为促成交易及争议解决服务的国际法律枢纽的地位[2]。其中公益维护主要体现在民事领域。对刑事犯罪的公诉权,由检察官和警察共同行使,部分轻微刑事案件警察侦查终结后可直接向法院起诉,但要以律政司的名义提起诉讼[3]。

3. 我国台湾地区检察制度

我国台湾地区检察制度,最早从日本引进,后承继了北京国民政府、南京国民政府时期的检察制度。当前台湾地区采用检察一体的组织体系。行政院下设法务部,法务部设检察司专

---

[1] 王伟华:《澳门检察制度》,中国民主法制出版社2009年版,第4~45页。
[2] 依据香港特别行政区政府律政司官网资料整理,https://www.doj.gov.hk/tc/home/index.html,最后访问日期:2023年11月30日。
[3] 单民、刘方:《香港特区与内地检察制度比较研究》,载《法学杂志》2011年第9期。

管检察事务。检察机关享有侦查、公诉、执行等职权,承担社会事务的司法行政职能[1];职权功能主要体现在刑事方面,在刑事诉讼、部分家事事件、公职人员选举罢免、公民投票等事项中扮演公益代表人的角色[2]。

二、我国检察制度的建立

没有一种放之四海而皆准的司法制度,哪怕是社会制度相同的国家,也不会有完全相同的司法制度[3];同样也没有一种放之四海而皆准的检察制度。一个国家实行什么样的检察制度,根本上还是由国情来决定。现代意义的检察制度,并非直接传承自中国自身的历史文化,是典型的"舶来品"。中国传统的御史制度尽管也有监督制约的作用,但与现代检察制度还是存在根本的不同。因而相比西方各国,我国检察制度的产生就更晚、历史更短,检察制度进入中国仅仅一百多年的时间。这短短一百多年时间里,我们从其他国家吸收借鉴的检察制度,适应我国国情和发展实际不断发展,并根据我国的国体和政治制度不断调整完善,经历了曲折的历程,结出了和别国不一样的果实。

(一)清朝末年检察制度的引进

清朝末年,为了缓解内忧外患,清政府决心推行新政,变法立宪,仿效西方国家建立君主之下的"分权制衡"。经派团考察论证,认为以德、日为代表的大陆法系与中华法系有许多相近之处,且日本的风土文化与清朝有很多相似之处,研究日本

---

[1] 刘方:《台湾地区检察制度的特点》,载《中国司法》2008年第11期。
[2] 吴弘鹏:《从台湾地区检察官之属性定位及法律规范探讨其公共利益代表性》,载《海峡法学》2018年第4期。
[3] 孙谦:《关于中国特色社会主义检察制度的几个问题》,载《人民检察》2016年第C1期。

制度以及翻译日本法律对清政府而讲更为容易，因此决定立宪应"远法德国，近采日本"[1]。虽然实际操作中学习借鉴了日本的司法制度，但事实上是以日本为媒介，以德国为学习对象的[2]。改革后，分别设立审判机关和检察机关。检察厅对应新设立的国家最高审判机关大理院。与审判机构的四级三审制相对应，检察厅也采用四级设置，两个机构平行存在、合署办公。检察机关主要承担包括行使对司法警察的调度权、刑事侦查及取证权、接受告发和公诉权、及对法庭审判及其判决执行的监督等几方面的职能[3]。检察机关的性质参照德日做法，是具有司法属性的行政机关。这一做法在北洋政府时期得到延续。南京国民政府时期，检察厅被裁撤，检察官被配置在各级审判机关内。

此处有一个细节要注意。整个中国范围内，检察制度的引进其实比清廷变法还早。早在19世纪中叶，英国人就通过《英皇制诰》等法律，将英国的检察制度植入香港地区。同期，葡萄牙人也将大陆法系色彩浓厚的检察制度植入澳门地区。19世纪末，台湾地区也出现了检察制度[4]。这些地区的检察制度各有特色，与祖国内地的检察制度各不相同，但都对新中国成立后的检察制度发挥了重要的借鉴作用。

（二）检察制度初创（1931年—1949年）

20世纪30年代，肩负监督职能的检察制度通过中华苏维埃

---

[1] 刘会军、杜易：《清末引入检察制度评析与启示》，载《社会科学战线》2019年第10期。

[2] 侯欣一：《中国检察制度史研究现状及相关文献》，载《国家检察官学院学报》2016年第4期。

[3] 孙谦：《人民检察的发展历程与初心使命》，载《人民检察》2021年第C1期。

[4] 薛伟宏：《中外检察制度漫谈》，载《中国检察官》2016年第13期。

第二章 检察权介入行政监督的理论基础

政权在中国初露头角。在抗日战争和解放战争时期,人民检察作为人民政权的重要组成,在一些地方得到了延续和发展。陕甘宁边区、山东抗日根据地等地都对检察工作进行了探索。检察制度确立伊始,就一直在党的领导下开展工作,确立了党的领导原则,忠实、严格地执行党的路线、方针、政策。在巩固革命根据地、建设人民政权中,检察制度发挥了应有的作用,也使我们党在伊始就注意到了检察机构在党领导的政权结构中的重要性。这一时期的检察实践为新中国建立检察制度积累了宝贵的经验和教训,奠定了一定的基础。

(三) 新中国检察制度的建立和波折(1949年—1977年)

在主要参考借鉴苏联的检察制度和列宁的法律监督理念基础上,新中国建立了检察制度。领导体制方面,最开始采用了垂直领导体制,上下级检察机构是领导关系[1];但1951年通过《中央人民政府最高人民检察署暂行组织条例》,改为双重领导体制[2],之后又改回垂直领导。权力设置上,授予了检察机关全面监督的职能,检察机关拥有崇高的法律地位[3]。当时就有了关于民事检察、公益诉讼的规定,最高人民检察署可以代表国家公益参与行政诉讼。1950年,中共中央发布《关于建立检察机构问题的指示》首次使用了"法律监督"一词,这在检

---

[1] 1949年颁布实施《最高人民检察署试行组织条例》第3条规定"全国各级检察署,均独立行使职权,不受地方机关干涉,只服从最高人民检察署之指挥。"

[2] 1951年,中央人民政府最高人民检察署副检察长李六如在《关于"最高人民检察署暂行组织条例"修正案和"各级地方人民检察署组织通则"草案的说明》中指出:"在原来的"最高人民检察署试行组织条例"中是采取垂直领导的原则的,但因试行一年多的经验,有些窒碍难行之处。故修正案改为双重领导,并在"各级地方人民检察署组织通则"中规定:各级地方人民检察署受上级检察署的领导,同时又为各级人民政府的组成部分,受同级人民政府委员会的领导。"

[3] 1949年9月通过的《中央人民政府组织法》,第28条规定:"最高人民检察署对政府机关、公务人员和全国国民之严格遵守法律,负最高的检察责任"。

察史上具有重要的历史意义。1954年人民检察署改为人民检察院，根据1954年《宪法》和《人民检察院组织法》，人民检察院、人民法院两院各自独立设置，实现审检分离。

1966年"文化大革命"开始，社会主义法制遭到破坏，检察制度也受到影响。1968年，检察机关直接被撤销，法律监督成为空谈。这一时期公诉权由公安机关行使。这段历史告诉我们，法制遭到削弱和破坏，社会就会混乱无序，经济就会倒退，人民权益就得不到保障，国家利益就得不到维护。只有加强法制，社会才能健康有序，人民和国家的利益才有保障。而检察制度作为法治体系的重要一环，必须要坚持并不断加强。

（四）我国检察制度扬帆启航（1978年至今）

文革结束后，邓小平同志特别强调要加强法制建设[1]。1978年，宪法修改，检察机关恢复重建，并依照《宪法》行使检察权，对法律遵守情况进行全面监督[2]。1979年颁布《人民检察院组织法》，明确检察机关上下级为领导关系，是国家的法律监督机关，与行政机关、审判机关并列，构成"一府两院"格局。遗憾的是，这次《人民检察院组织法》将检察机关的监督权仅局限于违反《刑法》、需要追究刑事责任的案件，不再规定一般监督。但也有值得肯定的地方，那就是"国家的法律监督机关"这一表述首次出现在法律条文上。1982年《宪法》沿用了这一表述至今。从1978年到2012年，在党中央的坚强领导

---

〔1〕 1978年中央工作会议上，邓小平同志提出，加强检察机关和司法机关，做到有法可依，有法必依，执法必严，违法必究。

〔2〕 1978年《宪法》第43条第1款规定："最高人民检察院对于国务院所属各部门、地方各级国家机关、国家机关工作人员和公民是否遵守宪法和法律，行使检察权。地方各级人民检察院和专门人民检察院，依照法律规定的范围行使检察权……"

下，恢复重建的检察机关步入全面发展的正轨，检察道路越走越宽广。

2012年，党的十八大胜利召开，中国法治建设进入了新的时代。党的十八大以来，全面依法治国持续向纵深推进。检察机关在以习近平同志为核心的党中央坚强领导下，在习近平法治思想的指引下，各方面工作都得到了新的发展。特别是党的十九大以来，在监察体制改革进程中，检察机关迎来历史性的发展机遇，最高检带领全国检察机关牢固树立"转隶就是转机"的理念，根据党中央的部署，进行了系统性、整体性、重塑性的内设机构改革，确立了"四大检察""十大业务"总体格局，拓宽了法律监督的路径，把《宪法》赋予的法律监督职能进一步落实，并推向新的发展阶段。特别是行政检察在检察体系中的地位越来越重要，无论对检察制度自身健康发展，还是对国家法制的健全完善、社会治理水平的提升，都贡献了更积极力量。

第二节 检察权的内涵

尽管各国检察权自诞生之日起，都含有监督制约之义，但检察权的内涵规定并不一致。我国的检察制度受国外检察制度启蒙，检察权的内涵与各国有相通之处，也有区别和不同。

一、世界各国检察权的共同内涵

各国检察权的共性的一面，主要体现在以下几点：

（一）公诉权

这是检察权最早的内涵，也是各国检察权最主要的内涵。

不论是大陆法系的国王代理人,还是英国最初的国王律师,最早拥有的职权都是代理国王、君主参与诉讼,并逐渐拥有公诉的职权。日本实行的是国家追诉主义,也称起诉独占主义,不承认私人追诉。除了日本刑事诉讼法规定的准起诉程序之外,所有的公诉权都由检察官行使,就连作出不起诉决定也属于公诉权的内容[1]。美国检察官享有起诉权、不起诉权及辩诉交易权等公诉方面的权力。对于一般刑事案件,美国检察机关决定是否向法院提起公诉。重罪案件则需经过大陪审团审核后才可以起诉,检察官召集大陪审团,并主持其开展调查活动;只有12个以上大陪审团成员赞成,重罪案件才可以提起公诉[2]。大陪审团成为制约检察官权力的机构[3]。法国检察机关与美国检察机关类似,对轻罪有权自行决定是否起诉,对于重罪则需待上诉法院审查后再由检察机关提起公诉。普遍而言,这些国家的公诉权并不仅局限于刑事领域,还体现在公共利益等方面。在法国、德国、日本、美国等国家,当公共利益受到损害时,检察机关都有权提起诉讼或参与诉讼。

(二)侦查权

以法、德为代表的大陆法系国家,侦查权通常由检察官和警察共同行使,检察官在过程中发挥重要的作用。比如德国检察官可以决定是否结束侦查程序。美国检察官为了获取更充分的证据,在侦查执法部门存在利益回避情形、侦查不当等情况下,可以对案件启动专门调查或继续进行侦查。联邦总检察长有权侦查政府官员的不法行为。应警察的请求,美国检察官还

---

[1] 裘索:《日本国检察制度》,商务印书馆2011年版,第16~17页。
[2] 张鸿巍:《美国检察制度研究》,法律出版社2019年版,第196~201页。
[3] 何家弘主编:《中外司法体制研究》,中国检察出版社2004年版,第95~96页。

履行协助警察进行侦查，提出侦查建议的职能。检察官就证据收集、逮捕等策略向警察提供专业指导建议，这种建议及督导，对警察而言是具有一定强制力的引导权，而非统领性的指挥权或命令权。这种做法对于检察机关和警方而言，其实是双赢的。美国联邦及大部分州的检察院都设置了专门的刑事调查机构[1]。日本检察机关由于享有垄断性的公诉权，也相应拥有了对任何犯罪的侦查职权。大部分案件的侦查权由警察行使，但对于警察移送的案件，检察机关享有补充侦查权；此外，不适于警察侦查的特殊案件、检察官直接受理的案件等案件，检察官亲自进行侦查[2]。俄罗斯检察机关享有对滥用职权、受贿、玩忽职守、违反公正审判等案件的侦查权，并设立俄罗斯联邦检察院侦查委员会作为专门的侦查机关。同时，对于侦查机关、预审机关等侦查活动进行监督[3]。

（三）执行监督权

对裁判的执行，也是各国检察机关普遍行使的职权。在美国，检察官对执行中的假释、豁免案件进行监督；在保留死刑的州，检察机关需派员在现场监督死刑执行。联邦和各州检察机关都设置了专门的机构，配备专门的人员监督刑罚的执行活动[4]。在日本，裁判的执行由对应的检察厅的检察官指挥，范围包括自由刑、死刑、财产刑等。刑罚执行的指挥必须用书面方式，具体执行机关根据裁判的内容，分别由监狱官吏、司法

---

[1] 张鸿巍：《美国检察制度研究》，法律出版社2019年版，第183页。

[2] 裘索：《日本国检察制度》，商务印书馆2011年版，第18~19页。

[3] 王建国等：《中俄检察制度比较研究》，法律出版社2017年版，第209~212页。

[4] 潘度文：《我国民事诉讼中检察机关角色研究》，中国政法大学2005年博士学位论文。

警察等担任。执行死刑时,检察官要在场监督[1]。俄罗斯检察机关对行政机关执行刑事处罚以及法院裁定的强制性处罚措施,以及关押场所行政管理机关对逮捕、拘禁人员的执法状况进行监督。检察长可以随时进入有关机关或机构进行调查,对行政违法行为提出抗议或建议,也可对行政违法程序提起诉讼[2]。

二、我国检察权的内涵

根据我国的法律规定,检察机关行使的职权内涵广泛,主要包括以下几个方面:

(一)公诉权

以前公诉权主要指刑事公诉,由人民检察院代表国家,依法对刑事被告人向法院提出控诉,要求法院行使审判权,追究其刑事责任,具体包括提出公诉权、不起诉权、支持公诉权、变更公诉权等权力。其本质上是维护国家法律秩序及社会秩序。但我们国家并不是检察机关垄断起诉权,除大部分刑事案件是检察机关公诉外,还有一小部分是自诉案件。随着检察制度的发展,目前公诉也不再局限于刑事领域。检察机关在民事、行政领域,也可以代表国家提起诉讼。

(二)侦查权

在我国,享有侦查权的主体很多,包括公安机关、监察机关、国家安全机关等等。检察机关的侦查权,是指检察机关根据法律的规定,对特定刑事案件进行调查、取证,以查明案件事实,追究犯罪嫌疑人责任的一种权力。监察体制改革之前,

---

[1] 裘索:《日本国检察制度》,商务印书馆2011年版,第233~237页。
[2] 王建国等:《中俄检察制度比较研究》,法律出版社2017年版,第208~209页。

第二章 检察权介入行政监督的理论基础

检察机关对贪污贿赂罪、渎职罪以及侵犯公民人身权利和民主权利共计53种案件行使侦查权。目前，只保留了非法拘禁、刑讯逼供、非法搜查等14种罪行，由检察机关自行侦查[1]。侦查权包括自行侦查权、补充侦查权、机动侦查权3种[2]。在民事、行政检察领域，检察机关还享有调查权。

（三）批准和决定逮捕权

逮捕是相关职权部门为了防止犯罪嫌疑人逃避刑事追究妨碍司法，或存在社会危害性较大隐患，而依据法律规定，剥夺其人身自由，采取羁押的强制性举措[3]。批准逮捕，是检察机关对公安机关在侦查中的逮捕请求，进行审查并决定是否批准的权力；而决定逮捕，则是针对检察机关自行侦查案件，依法决定是否对犯罪嫌疑人采取羁押的强制措施的决定。对公安机关逮捕请求的审查，也体现了检察机关对侦查活动的监督。

（四）诉讼监督权

诉讼监督权是检察机关依照法律的规定，对法院的诉讼活动进行监督的权力。涉及刑事、民事、行政等各领域。内容涵盖监督审判人员组成是否合法，审判程序是否合法，审判裁定认定事实是否清楚、适用法律是否正确等等。根据不同情况，检察机关分别采取向法院提出检察建议、抗诉书等方式予以纠

---

[1] 根据修改后的《刑事诉讼法》，最高检印发《关于人民检察院立案侦查司法工作人员相关职务犯罪案件若干问题的规定》，明确规定检察机关立案侦查范围包括：非法拘禁罪；非法搜查罪；刑讯逼供罪；暴力取证罪；虐待被监管人罪；滥用职权罪；玩忽职守罪；徇私枉法罪；民事、行政枉法裁判罪；执行判决、裁定失职罪；执行判决、裁定滥用职权罪；私放在押人员罪；失职致使在押人员脱逃罪；徇私舞弊减刑、假释、暂予监外执行罪共计14项。

[2] 卞建林：《检察机关侦查权的部分保留及其规范运行——以国家监察体制改革与〈刑事诉讼法〉修改为背景》，载《现代法学》2020年第2期。

[3] 陈光中主编：《刑事诉讼法》，北京大学出版社、高等教育出版社2013年版，第237页。

正，触犯刑法的依法追究刑事责任。

（五）执行监督权

执行监督权主要对法院裁决的执行是否合法、是否到位进行监督。目前已经涵盖了刑事的生命刑、自由刑、财产刑，以及民事、行政裁判的执行；还包括对看守所等改造场所的工作是否合法进行监督，以保障法律的正确实施和公民人身权利不受非法侵犯。刑事领域通过纠正违法通知书对执行机关的违法行为予以纠正。

（六）对行政违法行为的监督

对生态环境和资源保护、食品药品安全等领域负有监管职责的行政机关违法行政或不作为的行为进行监督，保护国家利益和社会公共利益；对侵犯公民财产、人身权益及其它主体财产权益的行政违法行为进行监督，保护公民及其它主体的合法权益。

第三节 检察权的属性论证

检察权是所有与检察相关的理论研究中最基本的概念，是一切相关研究的逻辑起点和根本立足点。从字面理解，检察权就是依据《宪法》和法律由国家检察机关独立行使的专有权[1]。即依据国家根本法律以及其他法律、法规等对检察机关授权的规定，实际上检察机关所享有、行使的权力[2]。检察权是检察机关的官署权力，而非检察官的个人权力。对检察权概念的认

---

〔1〕王晓苏：《关于我国当代检察权法理定位及权能配置模式的思考》，载孙谦、张智辉主编：《检察论丛》（第6卷），法律出版社2003年版，第83页。

〔2〕龙宗智：《检察制度教程》，法律出版社2002年版，第83页。

识，经历了广泛的讨论和相当长一段时间的争论。从 20 世纪 90 年代末开始，学者们对于检察权的概念、性质、功能、运行特征等相关内容进行了深入的探讨，特别是就民事、行政检察权的存废等进行了较为深入的争论，先后提出了行政权说、司法权说、法律监督说、双重属性说等等观点，充分论证了我国检察制度的合理性和必然性。

一、境外检察权性质简述

如前所述，各国的检察制度各有千秋。在西方"分权制衡"的政治体制下，受制于行政、立法、司法三权的划分，很难允许其他权力的独立存在，检察权的属性只能在行政、司法之间徘徊[1]。在英美法系的英国和美国，检察机关属于行政机关，隶属于行政首脑。而在大陆法系的法国和德国，检察机关设于各级法院内部，具有较强的司法属性；但由于对司法或行政部门的隶属关系，又无法摆脱行政权的属性。日本的检察机关也具有行政权和司法权的双重属性。只有受苏联影响的部分独联体国家，还在延续苏联做法，将检察机关作为单独的法律监督机关，行使法律监督权。

二、行政权说

该学说认为检察权具有行政权的属性和特点。首先，从领导体制上看，检察机关与法院上下级之间只是指导关系、审级分工的模式存在根本不同。无论是检察机关上下级领导体制，

---

[1] 王守安、田凯：《论我国检察权的属性》，载《国家检察官学院学报》2016 年第 5 期。

还是"检察一体制"的权力行使方式，都是典型的行政模式。其次，从权力的效果上看，检察权同司法权不同，更多的是程序上的价值，没有终局性的效力。比如抗诉权的行使，最终的实体性决定权在法院，检察机关仅仅是启动了抗诉再审的程序。即便是对案件事实产生一定实质性影响的公诉权，也只是启动检控程序、提出量刑建议，最终案件定性、量刑还是由法院终决。同时，侦查权、公诉权的行使不具有司法权的被动性、中立性[1]。

三、司法权说

该学说认为检察权在本质上属司法权。首先，从运行目的上看，法官和检察官，都是为了实现法律和维护公益，审判权和检察权的终极目标是极其相似的。其次，从权力行使特点上看，检察权和审判权都是通过诉讼的方式行使职权，都具有中立性，组织和活动上都具有独立性，人员的保障和待遇基本相同[2]。检察权中的公诉权司法性质明显，审查材料、决定是否起诉与法官的裁判行为非常类似。我国《宪法》将检察机关和审判机关放在一节予以规定，司法改革等中央文件中也明确将检察机关列为司法机关，将检察制度的改革纳入司法制度的改革范畴中。

---

[1] 徐显明：《司法改革二十题》，载《法学》1999年第9期；陈卫东：《我国检察权的反思与重构——以公诉权为核心的分析》，载《法学研究》2002年第2期；郝银钟：《检察权质疑》，载《中国人民大学学报》1999年第3期。

[2] 倪培兴：《论司法权的概念与检察机关的定位——兼评侦检一体化模式（上）》，载《人民检察》2000年第3期；徐益初：《析检察权性质及其运用》，载《人民检察》1999年第4期。

四、双重属性说

该学说认为当代检察权具有行政权的本质特征，同时也具有明显的司法属性，是行政权与司法权的集中体现[1]。领导关系上，上令下从、上下级之间的领导关系具有典型的行政性。同时，检察权的独立性也使其具有司法权的属性。因而检察权具有行政权和司法权的双重属性[2]。也有学者认为，相比司法权，检察权所表现出的行政特性更为突出[3]。但也有学者指出，双重属性难以立足，因为行政权与司法权在逻辑上是明确划分的，相互之间交集为空，因而检察权不可能同时具有行政权与司法权两种属性。从宪法角度，双重属性说在理论上和现实中也没有得以存在的基础[4]。

五、法律监督权属性说

该学说认为检察机关职务犯罪侦查权（监察体制改革前，职务犯罪侦查是检察机关的一项重要职责）和诉讼监督权的行使，是监督和制约行政权、审判权的重要途径[5]。检察权是监

---

[1] 洪浩：《检察权论》，武汉大学出版社2001年版，第93~102页。

[2] 龙宗智：《论检察权的性质与检察机关的改革》，载《法学》1999年第10期。

[3] 周永年：《关于当前检察改革的若干理性思考》，载《政治与法律》2003年第5期。

[4] 韩大元：《关于检察机关性质的宪法文本解读》，载《人民检察》2005年第13期。

[5] 谢鹏程：《论检察权的性质》，载《法学》2002年第2期；王戬：《法律监督权：我国检察权的本质属性》，载张智辉主编：《中国检察——法律监督与检察工作机制》（第14卷），北京大学出版社2007年版，第2~3页；石少侠：《论我国检察权的性质——定位于法律监督权的检察权》，载《法制与社会发展》2005年第3期。

督权力的代表,肩负着监督以防权力滥用、维护人民权利的双重使命[1]。无论将检察权的属性单纯定性为行政权,还是将检察权的属性单纯定性为司法权,都存在理论与实践上的悖论。只有法律监督权才能准确、全面、客观地反映检察权在国家权力体系中的定位,准确呈现出检察权与其他国家权力之间的关系,准确呈现出检察权的宗旨和功能[2]。

六、多元化权力说

该学说认为从权力行使的方式和特征上看,检察权具有法律监督权、司法权和行政权的复合属性[3]。这是一种集大成的认识和说法。

近年来,鲜有对检察权属性的讨论。大家逐渐形成一种共识,认为检察权是一种以法律监督权为基本定位、和审判权共同构成司法权的国家权力。其中,法律监督是根本属性,而司法权则是兼有属性,这两者之间是统一的。法律监督属性,决定了在国家权力结构中检察权的基本功能,以及在国家机构中检察机关的独立地位。司法属性则决定了检察机关和检察权的活动范围和方式。是对检察机关和检察权的特点在不同层面、不同角度的阐释[4]。而检察权的属性源于我国的宪法制度基础和宪法制度规定,因而对检察权的所有研讨、对检察机关法律

---

[1] 夏黎阳:《强化法律监督制度设计中的几个问题》,载《中国检察官》2006年第4期。

[2] 张智辉:《中国特色检察制度的理论探索——检察基础理论研究30年述评》,载《中国法学》2009年第3期。

[3] 龙宗智:《检察制度教程》,法律出版社2002年版,第98~104页。

[4] 孙谦主编:《中国特色社会主义检察制度》,中国检察出版社2009年版,第39~40页。

地位及职权的研讨,都要从最根本的《宪法》和人民代表大会政体基础入手进行研究。

第四节 我国检察权的法律监督属性

世界各国检察制度千差万别、检察权也千差万别,根本原因是各国践行不一样的分权理论,拥有不一样的国家权力架构[1]。要准确理解我国检察权的属性,一定要代入式思考,不仅要基于国家的宪法和法律规定,还要立足于国家的政体和国情,不能生搬硬套。

一、我国检察权的宪法制度基础

检察制度作为上层建筑的组成部分,产生于我国的宪法制度基础,立足于我国的根本制度。同前述的西方国家不同,我国不实行"分权制衡"。人民代表大会(以下简称"人大")是国家权力机关,全国人民代表大会(以下简称"全国人大")是国家最高权力机关。各级国家机关分别由同级人大产生,对人大负责,受人大监督。由人大产生的行政机关、审判机关、检察机关还有监察机关,都是相对独立的,互相之间不具有隶属关系。

首先,检察机关的设置是权力监督理论在宪法制度模式下的灵活运用与生动诠释。权力具有天然的扩张性,凡是权力都需要监督。在我国宪法制度模式下,作为国家权力机关,人大享有全面的权力。但只靠权力机关的自我监督是没办法实现权

---

[1] 石少侠:《检察权要论》,中国检察出版社2006年版,第7~8页。

力监督的有效性的。如果对权力的监督不能保持经常性、具体化，实际上并不能达到真正的监督效果。所以，设置具有专门监督职责的机关，在最高权力机关的授权和监督下承担常规、具体的监督职责，加强对公权力的监督制衡，防止国家权力的滥用，就具有必然性和必要性。这种监督是相对于平行公权力主体的[1]，而非对国家最高权力的制衡。且这种性质的监督不同于有管理功能的监督，必须具有独立性、超然性、专业性，是单向的而不是双向的[2]。这是人大权力架构下的必然要求，也符合权力运作的普遍规律。

其次，检察机关的法律监督是人民代表大会制度下授权模式的监督。授权并不是权力的让渡，并不会导致权力所有权的转移，更不会导致权力的消减[3]。授权者享有授出权力的监督权，也可以收回或者修改所授的权力；被授权者必须要严格按照授权者的要求行使相关权力。所以，被授的权力并不是一成不变的，而是根据需要不断调整的。检察机关享有的法律监督权也正是如此。按照我们国家的政治体制，所有权力都由人大代为行使，国家机关的权力都来自人大的授权。检察机关的法律监督权来自于人大的授权，受人大的监督，权力的范围、内涵都由人大通过相关法律进行规定。根据授权，检察机关可以监督平行的主体，但却不能对抗人大。由于检察权并不是自有权力，所以根据国家的发展变化，得到的授权也在不断调整。就如同在"一国两制"制度下，香港、澳门两个特别行政区的高度自治权来自于全国人大通过《香港特别行政区基本法》和

---

[1] 张智辉：《检察权研究》，中国检察出版社2007年版，第65页。
[2] 朱孝清：《中国检察制度的几个问题》，载《中国法学》2007年第2期。
[3] 王禹：《特别行政区及其制度研究》，澳门学者同盟出版2013年版，第39~41页。

第二章　检察权介入行政监督的理论基础

《澳门特别行政区基本法》的授权。因而特别行政区的高度自治权必须在《香港特别行政区基本法》和《澳门特别行政区基本法》规定的范围内依法行使，同时接受中央的监督。

最后，检察机关的法律监督权是一项独立的国家权力。在西方国家"分权制衡"的政权架构下，国家权力被划分为行政、立法、司法三大方面。行政、立法、司法三权之间要完全独立，相互之间要互相制约，谁也无法处于主导地位。但这只是一种理想状态。在任何一个国家，即便是在标榜"分权制衡"的国家，"分权制衡"都没有成为现实。因为随着政党政治的发展，议会越来越被政党裹挟，以政党为纽带的内阁已经大大限制了议会的制衡力量。尽管如此，权力的制衡一直是永恒的主题。所以，在"分权制衡"政权架构下，西方国家的检察机关尽管也发挥监督制约的作用，但检察权的属性要么隶属于行政权、要么隶属于司法权，这是一个无法回避的选择。之前理论界从不同的视角作出关于我国检察权属于行政权、司法权、准司法权等不同的结论，都是受限于西方国家的"分权制衡"学说和制度。如果跳出"分权制衡"的局限，上升到独立国家权力高度来认识检察权，就可以化解这种争论[1]。在我国的权力架构中，检察机关具有超脱的专属地位，是国家的法律监督机关，与行政权、审判权并列且独立，这是我国检察权的一个独特之处。也正是基于此，无论是行政权、还是司法权，都无法准确表述检察权的内在属性。虽然从局部或者从属的维度看，检察权有时显现出行政色彩，有时具有浓厚司法色彩，但这都不是我国检察权的本质特征[2]。只有法律监督才能准确体现我国检

---

[1] 张智辉主编：《检察权优化配置研究》，中国检察出版社2014年版，第28页。
[2] 谢鹏程：《论检察权的性质》，载《法学》2000年第2期。

察权在宪法制度地位中的独立性。

二、对法律监督属性的宪法维度理解

国家的法律监督机关，这是国家《宪法》对检察机关的根本职责以及在国家权力架构中的地位作出的权威界定。既明确指出了检察机关的宪法地位，也明确授予了检察机关宪法责任。在我国《宪法》（2018年修订）中，监督一词共出现了17处，涵盖了全国人大及其常委会、国务院、审计机关等多个主体，涉及到《宪法》的实施、法律的实施等众多范畴，但是明确检察机关地位的法律监督，仅出现在第134条。这充分表明，法律监督是检察机关特有的权力属性，也是检察机关特有的职权。法律监督已经成为一个特定概念，具有特定指向和特定内涵。这一概念，是在长期的司法实践中提炼出来的，是通过宝贵的司法经验和教训总结出来的，是专门界定检察权的专门术语。要准确理解其中的深刻含义，必须要联系我国政治制度和基本国情，站在整个国家权力架构和权力体系的视角下进行分析。检察权和法律监督是一个事物的两种命题，是一体两面的关系。检察权是权力主体，法律监督强调的是性质和权能；对检察权的研究就是对法律监督的内涵、范围、如何行使等方面进行的研究，对法律监督的研究就是对检察权的不断深化认识。从本质上，检察权即检察机关的法律监督[1]。检察权强调的是具体权能和实际行使，法律监督突出的则是性质和功能[2]。

（一）坚持中国共产党的领导

中国共产党的领导是我国检察制度以及我国检察权的最突

---

[1] 龙宗智、孙谦、张智辉、石少侠等学者都持此观点。
[2] 张智辉：《检察权研究》，中国检察出版社2007年版，第21页。

出特征。中国共产党是中国的执政党，领导中国各项事业发展前进。中国共产党的领导是中国特色社会主义最本质的特征，已经载入《宪法》，也深深地嵌入我国国体和政体之中。因此，植根于我国社会主义制度的检察制度，最突出、最鲜明，同时也是最别树一帜、独具特色的一点就是坚持中国共产党的领导，这是从我国检察制度诞生伊始就牢牢坚持的。我国检察制度是中国法治的一部分，中国法治建设是中国国家治理的一个重要方面，党的十八届四中全会第四次全体会议指出，党的领导是中国特色社会主义最本质的特征，是社会主义法治最根本的保证。坚持中国特色社会主义法治道路，最根本的是坚持中国共产党的领导。2019年，中共中央印发《中国共产党政法工作条例》，明确规定政法单位是党领导下从事政法工作的专门力量，并且明确列明检察机关是政法单位。其他政法单位还包括审判机关、公安机关、国家安全机关、司法行政机关等单位。条例指出，政法工作应当遵循"坚持党的绝对领导""坚持以人民为中心"等原则。坚持在党的领导下开展工作，就要以党的指导思想为根本遵循。只有坚持以党的指导思想为根本指引，才能保证检察工作在国家治理体系中的正确方向、准确定位。当前，习近平新时代中国特色社会主义思想就是全党最新的理论成果和指引遵循[1]。根据马克思主义原理，国家的政治制度和政权机关都是维护人民民主专政的工具。我国检察制度由马克思、恩格斯民主监督

---

〔1〕 2021年中共中央印发《法治中国建设规划（2020-2025年）》指出"坚持党的集中统一领导。牢牢把握党的领导是社会主义法治最根本的保证，坚持党领导立法、保证执法、支持司法、带头守法，充分发挥党总揽全局、协调各方的领导核心作用，确保法治中国建设的正确方向。""坚持贯彻中国特色社会主义法治理论。深入贯彻习近平法治思想，系统总结运用新时代中国特色社会主义法治建设的鲜活经验，不断推进理论和实践创新发展。"

思想和列宁法律监督思想指导建立[1]。中央和国家机关首先是政治机关。检察机关具有鲜明的政治属性，是政治性极强的业务机关。必须指出，坚持中国共产党的领导，并不意味着检察权的行使丧失了客观性、公正性和独立性。我国《宪法》和有关法律对人民检察院独立行使检察权作出了明确规定，从立法层面给予了有力保障，以确保其权力的行使不受行政机关、社会团体和个人的干预。之所以强调我国检察权坚持中国共产党领导这一特征，一方面是因为这是一个不争的事实，另一方面是为了后文对行政检察职能和领域的拓展铺垫逻辑基础，合理解释为什么中央文件或者会议决定对行政检察作出部署，并对行政检察工作具有重要影响。

（二）坚持以人民为中心的价值取向

为人民谋幸福是中国共产党的根本宗旨，我国检察制度坚持中国共产党的领导，必然坚持以人民为中心。我国检察制度坚持以人民为中心的价值取向，也是人民民主专政的国家政治体制的必然要求。检察机关由国家权力机关产生，受国家权力机关的监督，向国家权力机关负责，检察权是由人民的权力机关授予。因此，以人民为中心是我国检察权行使的根本政治逻辑。从建立之初，检察机关不仅把人民两个字刻在了机构名称上，也将人民性始终践行到实际检察实践中[2]。2004年以来，

---

[1] 孙谦：《新时代检察机关法律监督的理念、原则与职能（上）——写在新修订的人民检察院组织法颁布之际》，载《检察日报》2018年11月3日，第3版。

[2] 中共中央印发《法治中国建设规划（2020-2025年）》指出："坚持以人民为中心。坚持法治建设为了人民、依靠人民，促进人的全面发展，努力让人民群众在每一项法律制度、每一个执法决定、每一宗司法案件中都感受到公平正义，加强人权法治保障，非因法定事由、非经法定程序不得限制、剥夺公民、法人和其他组织的财产和权利。"

伴随司法改革的深入推进，检察机关历次检察制度革新中，始终有一条不变的主旋律，就是服务经济社会发展大局、维护人民群众的合法权益、保护人民群众免受不法侵害、确保人民群众在每一起案件中感受到公平正义，即坚持"人民中心主义"的价值取向[1]。近年来，检察机关积极主动响应法治领域的民生关切诉求，跟进《行政诉讼法》等法律规定，精准围绕群众反映强烈的食品药品安全、环境资源保护等问题，推进公益诉讼工作。以发布司法解释和指导性案例、进行个案请示答复等方式，不断提升检察履职能力，以更好地满足人民群众对司法工作的新要求、新期待。

(三) 法律监督的内涵

我国《宪法》对检察机关权属的规定虽然简洁，但清晰明确。国家的法律监督机关，从字面上看，最少包含了国家、法律、监督三个维度。要准确理解，必须要逐层分析。可以从以下几个方面予以理解。

第一，是国家权力和国家意志的体现。检察机关是国家的法律监督机关。作为法律监督机关，检察机关是国家机关，代表的是国家，对法律的实施和遵守的监督都是基于国家的根本利益，都是以国家的名义。地方各级人民检察院在行使职权时，代表的也是国家的法律监督权力，体现的也是国家的意志。检察机关的检察权不是固有权力，而是来自人大的授权，是国家权力体系中的组成部分。根据《宪法》，各级检察机关由同级人大产生，受人大监督，向人大负责。人大是国家的权力机关，将法律监督权授予检察机关代为行使。授权不发生权力归属的

---

[1] 桂万先、姜奕：《新时代中国特色社会主义检察制度的特色与优势》，载《法治现代化研究》2021年第3期。

移转，所以检察机关的法律监督权是一种国家权力。同时，根据我国国家权力架构设置，在我国监督机制中除了检察机关的法律监督之外，还有人大、党内、民主、行政、舆论等多种监督机制。我国国家权力监督体系由这些不同主体、不同类型的监督共同构成。法律监督只是其中的一个组成部分。从监督而言，检察机关也没有被授予全面监督的权力。

第二，法律性是法律监督与其他监督的根本不同。法律监督具有特指性、专门性，特别指称检察机关依法进行的监督。国家监督体系中的监督有很多种，其中一些监督也涉及到法律的范畴和领域，但各种监督之中只有检察机关的监督冠以法律之名。同党纪监督、舆论监督、行政监督等其他监督不同，检察机关的监督直接且仅指向法律的遵守和适用，但不能将此机械地理解为检察机关的法律监督的对象是法律本身。所谓的法律监督是指检察机关职权的行使范围仅限于对法律的遵守和执行情况等法律适用情况，检察机关行使职权要严格依据法律的规定、行使职权的效果是法律层面的效果，一切依据法律，以实现维护的国家法治统一。当然，按照权力分工，检察机关并不是全面监督法律实施的机关，没有统揽所有法律监督的职权。

第三，以监督实现权力价值。在国家权力架构中，检察机关与行政机关、审判机关等并立，检察权与行政权、司法权互相独立，并且赋予检察机关专门的法律监督定位，目的就是要发挥检察机关在权力监督体系中的重要作用，弥补权力机关监督宏观、不经常性的不足，弥补司法机关被动性、管辖有限性的不足，弥补行政权自身制约、公信力不足的缺陷等等，通过检察机关行使的法律监督来进一步完善权力监督制约体系。也正是为了能实现这一目的，《宪法》赋予了检察机关是国家的法律监督机关这一重要地位，授予检察机关具有权威性的法律监督，防止行政、司法专断和腐败，维护国家法律的统一实施。检察机关监督权的行使为立法、行政、司法权之间的制衡架设了桥梁[1]。有学者认为，在检察机关诸多职能中，诉讼监督职能比较典型地体现了法律监督的内涵[2]。并且，该职能并不为多数国家的检察机关所具有或完全具有，更凸显我国检察制度的价值。

综合以上分析，同其他监督相比，检察机关的法律监督具有以下特点：

一是专门性[3]。法律监督的主体具有唯一性和专门性，只有检察机关是国家专门设置的法律监督机关，只有检察机关依职权行使的监督才是法律监督，这种专门职责是其他机关不具有且不可取代的。检察机关的法律监督以法律属性区别于其他非法律属性的监督。从检察职能的内部属性看，检察机关的业务活动都体现出法律监督的属性，属于专门性法律监督活动；并且不是囊括性、普遍性的法律监督，而是具有一定的专门方向和业务范围[4]。

二是规范性。根据授权理论，检察机关的法律监督作为代为行使的被授权力，必须严格按照法律的明确授权行使，属于规范性而非任意性法律行为。法律监督的对象是规范的，只能是法律明确规定授权的监督领域；法律监督的程序是规范的，

---

[1] 曹呈宏：《分权制衡中的检察权定位》，载《人民检察》2002年第11期。
[2] 朱孝清、张智辉主编：《检察学》，中国检察出版社2010年版，第184页。
[3] 王桂五、张智辉、龙宗智、曾龙跃等学者都持此观点。
[4] 法律监督具有广泛性，依照法律的规定，检察机关法律监督的对象包括有关国家机关、国家工作人员及全体公民，涉及的法律包括宪法和各个部门法。曾龙跃：《经典传世，浩气长存——纪念我国检察理论奠基人王桂五同志》，载孙谦、张智辉主编：《检察论丛》（第4卷），法律出版社2002年版，第41页。

必须是法律明确规定的履职程序；法律监督的手段是规范的，必须严格按照法律规定可以采用的方式。不得任意扩大监督范围、省略监督程序、更改监督手段。

三是监督权和处分权分离。检察机关通过诉讼程序追究违法犯罪者的法律责任，体现出了一定的强制性；但是检察权并不具有审判权的终局性，更多是程序价值。归根结底，是因为法律监督与其他监督不同，是平行主体之间的制约关系，而不是上下级或者特定主体之间的管理关系。这种非管理型的监督通常并不导致行为的直接改变，而是引起一个特定的审议性法律程序[1]，由被监督机关或具有管理权亦或是决定权的机关作出处理决定。这充分反映了检察权程序性的特征。

（四）法律监督的功能与任务

我国在权力体系中，单独设置法律监督机关行使法律监督权，在权力监督体系中发挥着重要的职能和作用。在《宪法》和相关法律的授权下，检察机关通过刑事公诉、诉讼监督、公益诉讼等职权的行使，追诉犯罪，使违法行为得到应有惩治和及时制止，使不当决定得到纠正，保障公民的合法权益，防止权力异化，保障国家权力的正确行使，维护国家法制统一。在法律监督职责内贯彻落实国家政策，保障社会主义建设的顺利进行[2]。检察机关作为共产党领导下的国家机关，是中国特色社会主义法治体系的重要组成部分，与其他政法机关承担着共

---

[1] 龙宗智：《检察制度教程》，法律出版社2002年版，第87页。
[2] 《人民检察院组织法》第2条规定："人民检察院是国家的法律监督机关。人民检察院通过行使检察权，追诉犯罪，维护国家安全和社会秩序，维护个人和组织的合法权益，维护国家利益和社会公共利益，保障法律正确实施，维护社会公平正义，维护国家法制统一、尊严和权威，保障中国特色社会主义建设的顺利进行。"

第二章　检察权介入行政监督的理论基础

同的政治任务。服务和服从于执政党的政治地位、维护国家安全、维护人民权益、确保社会大局稳定等是包括检察机关在内的国家机关的重要政治使命和责任，而法律监督功能则是国家赋予检察机关完成其政治使命的基本方式和特有途径。由此可见，检察机关的法律监督作用是重要的。但与此同时，这种监督也是有限的。检察机关法律监督的作用不能被其他监督所代替，同样也不能代替其他监督的作用[1]。要全面、客观地认识法律监督的作用，正确看待法律监督在维护国家法制中的地位和意义，既不能因其重要性而夸大，视其为不受监督制约和法律约束的绝对权力；也不能因其有限而否定或贬低。

（五）检察权法律监督的属性在监察体制改革后得到进一步巩固

伴随着国家监察体制的巨大改革，检察机关进行了大规模的职能调整和机构重设。由于检察机关本就"不是全面监督法律实施的机关，也没有去'统揽法律监督权'"[2]，监察体制改革给检察监督带来的变化是法律监督对象范围的调整和职权行使方式的转向，检察机关作为法律监督机关的宪法定位并未受到影响。检察机关的法律地位和监督属性非但没有发生改变，反而更加回归法律监督的本位。检察机关和监察机关虽然都是监督机关，但在诸多细节方面都存在明显差异，是从不同角度、用不同方法，对公权力的行使和法律实施等进行的监督。主要体现在：

第一，目标不同。国家监察体制改革是在坚持加强党对反

---

[1] 孙谦主编：《中国特色社会主义检察制度》，中国检察出版社2009年版，第51~54页。

[2] 韩大元：《坚持检察机关的宪法定位》，载《人民检察》2012年第23期。

腐败工作的集中统一领导下，不断整合反腐败资源力量，大力构建集中统一、权威高效的国家监察体制。根据相关政策解读和立法规定，此轮监察体制改革的目标很明确，就是在原有纪律检查工作的基础上进一步加大力度，实现对所有行使公权力公职人员的监察全覆盖[1]，全面深入开展反腐败工作，推进国家治理体系和治理能力现代化[2]。监察体制改革进程中，2018年修正的《宪法》也再次明确了检察机关法律监督机关的地位。

第二，监督对象不同。国家监察机关的监督对象主要是公职人员的违纪、职务违法和职务犯罪，监督的是行使公权力的"人"[3]。而检察机关监督的主要是行政机关、诉讼所涉侦查机关、审判机关的违法行为和错误决定，主体是行使国家权力的部分机关，而不是人。

第三，监督内容不同。根据相关法律规定和监察机关实际开展的工作可以看出，国家监察机关的监督指向的是公职人员履行职责的廉洁性和勤勉性，包括是否依法履职、廉洁从政，是否贪污贿赂、滥用职权，是否徇私舞弊、渎职犯罪等等，从

---

〔1〕李建国：《关于〈中华人民共和国监察法（草案）〉的说明——2018年3月13日在第十三届全国人民代表大会第一次会议上》，载中国人大网，www.npc.gov.cn/zgrdw/npc/xinwen/2018-03/21/content_2052363.htm，最后访问日期：2023年5月13日。

〔2〕《监察法》第1条规定："为了深化国家监察体制改革，加强对所有行使公权力的公职人员的监督，实现国家监察全面覆盖，深入开展反腐败工作，推进国家治理体系和治理能力现代化，根据宪法，制定本法。"

〔3〕《监察法》第15条规定，监察机关对所有国家机关的公务员，以及参照公务员法管理的人员；法律、法规授权或者受国家机关依法委托管理公共事务的组织中从事公务的人员；国有企业管理人员；公办的教育、科研、文化、医疗卫生、体育等单位中从事管理的人员；基层群众性自治组织中从事管理的人员；其他依法履行公职的人员进行监察。

第二章 检察权介入行政监督的理论基础

而保证公职人员的廉洁和勤勉[1]。同时,国家监察机关还监察党的路线、方针、政策和决议的执行情况,监督检查公职人员的道德操守等,而不限于法律所规定的范围。检察机关的监督则指向有关国家机关行使国家权力是否合法,监督的目的是维护国家法制的统一和法律的正确实施。

---

[1]《监察法》第11条规定,监察委员会依照本法和有关法律规定履行监督、调查、处置职责:(1)对公职人员开展廉政教育,对其依法履职、秉公用权、廉洁从政从业以及道德操守情况进行监督检查;(2)对涉嫌贪污贿赂、滥用职权、玩忽职守、权力寻租、利益输送、徇私舞弊以及浪费国家资财等职务违法和职务犯罪进行调查;(3)对违法的公职人员依法作出政务处分决定;对履行职责不力、失职失责的领导人员进行问责;对涉嫌职务犯罪的,将调查结果移送人民检察院依法审查、提起公诉;向监察对象所在单位提出监察建议。

第三章
行政检察的界定和角色定位

第一节 行政检察的理论和现实基础

一、监督制衡理论的实践需要

权力的分立和制衡，是当代宪法法律制度的重要原则和价值追求，为了防止行政权的扩张和滥用，在我国香港特别行政区和澳门特别行政区，实行行政主导体制，但也通过《香港特别行政区基本法》和《澳门特别行政区基本法》赋予了立法会对行政权力制衡的职权和程序。可见，对行政权予以制衡是惯例。在我国，行政权是各种公权力中最强大的权力。我国社会治理一直奉行"大政府"的模式，决策高效、运行稳定、执行力强的行政机关是我国经济高速发展、社会稳定的强大支撑和保障，是我国的优势。但行政权过大必然带有负面影响。无论是中央政府，还是地方各级政府，都掌握着大量的权力和丰富的资源。社会生产生活的各个环节、各个领域都有行政权的身影。过去在计划经济体制下，政府更是无所不管。随着国家治理体系的不断发展完善和依法治国的全面推进，政府的权力运行越来越规范，但仍然掌握着大量重要权力和资源，因而对行政权依法运行进行监督十分必要。

行政权天然具有主动性、扩张性、全面性，追求主动、高效,行政机关滥用权力甚至渎职的风险比立法机关、司法机关更高。特别是在生态环境和资源保护、食品药品安全管理、土地使用权出让、房屋拆迁等领域,有法不依、执法不严等现象屡见不鲜,工作人员乃至行政机关不作为、乱作为的问题时有发生。一些地方政府受地方利益驱使,片面追求所谓的政绩,对一些该管的问题有法不依、执法不严,对一些违法的现象纵容包庇,严重破坏了法制统一,给法律的正确实施和社会发展造成负面影响。同时,行政权运行的规范性还有待提升,部分行政权行使有明确清晰的规范和依据,还有一些行政权行使缺乏足够的依据可循。这也造成了有些行政行为中的自由裁量权行使不规范,甚至超越了法律规定的界限。因而,对于行政权的监督不仅是权力制衡的内在需要,更是当前我国实践发展的现实需要。

二、国家行政法制监督体系需要检察权的共同构建

一是权力机关的监督缺乏针对性和恒常性。各级人大是国家的权力机关,享有广泛的权力。其通过听取报告、审查规范性文件、人事任免等监督方式进行的监督,是宏观而不是经常、具体的[1]。行政权的越权和滥用,绝大多数情况都是在具体的个案中发生。由于行政事务涉及的领域非常广,且大多具有较强的专业性;因而,在国家行政法制监督体系中,设置能够进行经常性监督、个案监督,并且相对专业的监督机关就非常必要。

二是审判机关的审查监督范围有限。首先,法院的监督具有被动性。根据不告不理的原则,只有起诉到法院的案件,法

---

[1] 朱孝清:《中国检察制度的几个问题》,载《中国法学》2007年第2期。

院才可能进行审理。那些已经违法行政,但是当事人放弃诉权或者因其他原因未能行使诉权的情况,法院就无法进行监督。其次,《行政诉讼法》规定,法院一般只审查具体行政行为的合法性,而不审查具体行政行为的合理性;并且,不对抽象行政行为进行审查。此外,司法审查监督属于事后监督,只能监督行政执法的结果,无法及时制止、纠正违法的行政执法行为。诉讼发生时,可能已经产生难以挽回的损害。最后,由于《行政诉讼法》对原告资格的条件限定、受案范围的限定等制约,通过司法审查监督的行政执法行为范围过于狭窄。

三是行政机关的监督效力受到过多因素的影响。行政执法内部监督,包括专门行政机关的监督和上下级行政机关间的层级监督。行政监察主体隶属政府系统内部,缺乏组织上的独立性,关系上受本级政府和上级主管部门的双重领导,人事和财政方面也受到制约,很难超脱地履行监督职责。上下级行政机关属于同一系统,认识问题、判断问题的立场接近甚至相同,很难做到客观、公正的监督;由于是具有管理关系的内部监督,也缺乏一定的公信力,结果很难让人信服。

四是监察机关以公职人员为监督对象,不会直接对行政主体开展监督[1]。其目标是促使全体公职人员勤勉、廉洁,确保党的路线方针政策的贯彻落实,而非确保行政权力依法运行。尽管公职人员勤勉同行政权依法有序运行具有一定的关联性,会产生积极的推动作用,但两者之间并没有必然的因果关系。实践中,一些违法行政行为并不能简单归咎于公职人员的个人

---

[1] 国家监察体制改革之后,监察机关的监察对象确定为公职人员,不再包括行政机关等组织。根据《监察法》第45条,监察机关有权对监察对象所在单位廉政建设和履行职责存在的问题等提出监察建议,但这种建议形式属于程序性处理,不是对有关单位作出的实体性处理。

廉洁、品行、勤勉等方面问题,因此监察机关对公职人员的监督不能完全解决行政主体的违法问题。

五是社会监督的能力还不足。以权利制约权力是一种高效的监督方式[1]。但鉴于我国的民主监督氛围和保障机制还没有完全建立,民众主张民主权利的自觉和能力还不够充分,还没有充足的社会监督的土壤,公民的民主权利还没有对行政执法形成强有力的监督。并且,由于担心遭受打击报复,公民内心普遍认为行政监督的成本过高,进行民主监督的积极性不高。

三、行政检察监督具备区别于其他监督的优势

基于法律监督机关的宪法定位,检察机关具有不同于其他组织机构的特点,行政检察也具有了不同于其他监督的独特优势。

一是广泛性。法律监督是对法律实施情况的监督[2],所以理论上凡是经法律授权的法律实施活动都可以是法律监督的对象。行政检察源于法律监督,行政检察监督理应涵盖所有实施法律的行政行为。这为行政检察在法律规定范围内不断丰富拓展职能、手段等提供了前提。

二是自主性。检察机关对行政检察程序的运作、行政合法性的评价都是依自己的判断进行,自成体系。并且,检察机关各内设机构都有专门的监督力量,实践经验丰富,既可以根据当事人申请进行监督,也可以依职权主动监督,可以更加主动、及时地介入,行使行政检察监督职能。

三是灵活性。行政检察不包含实体处分权,不是一种刚性

---

[1] 田凯:《检察机关开展行政执法监督的理论分析与制度设计》,载《人民检察》2006年第21期。

[2] 张智辉:《检察权研究》,中国检察出版社2007年版,第66页。

监督。检察建议等柔性手段能够更好获得各方的理解与配合，有利于降低监督成本、提高监督效率。相较于法院通过司法审查进行监督，行政检察更为灵活，具有通过诉前程序进行非诉监督的制度优势。同时行政检察因其"非终局性"与"非实体处分性"，即通常所说的程序性，而并不"损及行政过程的完整性[1]"，自然也减少了干预政府积极作为的消极影响[2]。

四、行政检察监督的法律和相关依据

经初步梳理，除了《宪法》《行政诉讼法》《人民检察院组织法》《人民检察院行政诉讼监督规则》以外，明确规定检察机关行使有关对行政权进行监督职权的法律法规还有《看守所条例》《人民警察法》《治安管理处罚法》《海警法》《公安机关海上执法工作规定》等，内容主要涵盖监督看守所的监管活动[3]、监督人民警察执行职务的活动[4]、监督行政执法机关向公安机关移送涉嫌犯罪案件的工作[5]、监督公安机关对治安案件的办理[6]等方面。（详见表一）

---

[1] 黄明涛：《法律监督机关——宪法上人民检察院性质条款的规范意义》，载《清华法学》2020年第4期。
[2] 刘艺：《行政检察与法治政府的耦合发展》，载《国家检察官学院学报》2020年第3期。
[3] 《看守所条例》第8条："看守所的监管活动受人民检察院的法律监督。"
[4] 《人民警察法》（2012年修正）第42条："人民警察执行职务，依法接受人民检察院和行政监察机关的监督。"
[5] 《行政执法机关移送涉嫌犯罪案件的规定》（2020年修订）第14条第1款："行政执法机关移送涉嫌犯罪案件，应当接受人民检察院和监察机关依法实施的监督。"
[6] 《治安管理处罚法》第114条第2款："公安机关及其人民警察办理治安案件，不严格执法或者有违法违纪行为的，任何单位和个人都有权向公安机关或者人民检察院、行政监察机关检举、控告；收到检举、控告的机关，应当依据职责及时处理。"

第三章 行政检察的界定和角色定位

表一 对行政检察法律依据的不完全统计

名　称	规定检察机关监督行政权的职权	时　间
《宪法》	人民检察院是国家的法律监督机关	2018年修正
《行政诉讼法》	对生态环境和资源保护等特定领域的行政违法或不作为,向行政机关发出检察建议,建议无效的提起行政公益诉讼。监督法院生效行政判决、裁定、调解书、执行活动以及审判程序中审判人员违法行为。	2017年修正
《人民检察院组织法》	对诉讼活动实行法律监督 对监狱、看守所的执法活动实行法律监督	2018年修订
《人民检察院行政诉讼监督规则》	监督法院生效行政判决、裁定、调解书、执行活动以及审判程序中审判人员违法行为	2021年通过
《人民检察院检察建议工作规定》	对生态环境和资源保护等特定领域的行政违法或不作为,监督执法、司法机关在诉讼活动中的违法情形	2018年通过
《最高人民检察院关于推进行政执法与刑事司法衔接工作的规定》	监督行政执法机关对涉嫌犯罪案件应当移送公安机关立案侦查而不移送,或者公安机关对行政执法机关移送的涉嫌犯罪案件应当立案侦查而不立案侦查的情形	2021年通过
《行政执法机关移送涉嫌犯罪案件的规定》	监督公安机关立案、行政执法机关移送涉嫌犯罪案件	2020年修订
《人民警察法》	监督人民警察执行职务	2012年修正
《社区矫正法》	监督社区矫正工作	2019年通过

表一　对行政检察法律依据的不完全统计　　　　续表

名　称	规定检察机关监督行政权的职权	时　间
《看守所条例》	监督看守所的监管活动	1990年通过
《海警法》	监督海警机构及其工作人员海上维权执法工作	2021年通过
《治安管理处罚法》	监督公安机关及其人民警察办理治安案件，是否严格执法或有违纪行为	2012年修正

为更好落实以上法律法规或司法解释规定，部分省市出台了地方性法规、规章或规范性文件。特别是监察体制改革后，检察监督格局和业务布局发生了较大变化，各省市为推动新时代检察工作开展，根据检察职能的发展相继出台了相关决议、决定。比如，南京市出台了《南京市城市治理条例》，对城市治理活动中的行政检察监督机制以地方性法规的形式予以规定[1]。山东省人大常务委员会通过《山东省人民代表大会常务委员会关于加强新时代检察机关法律监督工作的决议》，对行政检察的意义、工作范畴、方法、机制等作了较为全面的规定。强调检察机关要充分履行行政诉讼监督和行政执法检察监督职责[2]。

---

[1]《南京市城市治理条例》(2012年通过) 第78条第1款规定："城市管理相关部门及其工作人员进行城市治理活动应当接受人民检察院的法律监督。人民检察院提出的检察建议，城市管理相关部门应当认真研究、及时处理，并将处理结果抄送人民检察院。"

[2]《山东省人民代表大会常务委员会关于加强新时代检察机关法律监督工作的决议》(2019年通过) 第4条规定："行政检察监督工作是保证依法公正审理行政案件、明确行政责任、规范行政行为的重要手段。全省各级检察机关应当充分履行行政诉讼和行政执法检察监督职责，积极构建多元化行政检察工作新格局，促进依法行政和公正司法。加强对行政诉讼裁判结果、审判程序以及执行、行政非诉执行活动的监督，通过提出抗诉、检察建议等监督方式，依法纠正行政案件受理、审理

第三章　行政检察的界定和角色定位

湖南省人大常务委员会通过《湖南省人民代表大会常务委员会关于加强新时代人民检察院法律监督工作的决议》，指出要进一步加强行政检察工作[1]。贵州省制定《中共贵州省委关于加强新时代检察机关法律监督工作的实施意见》，规定各级政府及其部门要自觉接受检察机关对行政违法行为和行政不作为的监督。[2]

除了以上不完全列举的法律、法规、规范性文件以及地方性法规等，对于行政检察监督最直接的依据和有力保障当属党和国家政策对行政检察的部署要求。这也是为什么在前一章论述我国检察权突出特点的时候，特意总结了坚持中国共产党的领导这一根本特征。有学者指出，从法理角度，执政党的政策并不是法律的渊源；但是其执政地位决定了其制定的政策不仅影响法律的制定，而且对法治有着举足轻重的作用，甚至发挥决定性影响[3]。在我国，中国共产党的领导地位是全方面的，这也

(接上页)、裁决、执行过程中的违法行为。强化对行政权力的制约和监督，探索建立相关工作机制，对履行职责中发现的行政机关违法行使职权或者不行使职权行为，依法督促纠正。建立实施行政检察年度报告制度，通过综合分析行政执法、行政审判和行政执行工作中存在的制度缺失、管理漏洞、失职渎职等倾向性、典型性、普遍性问题，定期向本级党委、人大常委会报告，向政府、监察机关、法院提出意见建议。"

[1]《湖南省人民代表大会常务委员会关于加强新时代人民检察院法律监督工作的决议》（2019年通过）第4条规定，"人民检察院应当加强行政检察工作，加大对行政审判违法、行政裁判执行和行政非诉执行违法等行为监督。加大对行政机关在诉讼活动中违法行为监督，依法提出检察建议。"

[2] 贵州省《中共贵州省委关于加强新时代检察机关法律监督工作的实施意见》（2021年制定）第3部分"加强监督制约，提升监督效能，确保检察机关依法履行宪法法律赋予的职责"第8条规定，加强政府及其部门对检察机关法律监督工作的支持。自觉接受检察机关对行政违法行为或不作为的法律监督，积极支持检察机关公益诉讼工作，依法落实检察建议，积极主动履职或纠正违法行为。

[3] 周佑勇：《逻辑与进路：新发展理念如何引领法治中国建设》，载《法制与社会发展》2018年第3期。

决定了党对检察工作的决定和部署是最具有权威性的。2014年中共中央通过《全面推进依法治国决定》，提出完善对行政强制措施实行司法监督的制度、发挥检察机关对行政违法行为的监督纠正作用、探索建立检察公益诉讼制度、健全"两法衔接"机制等明确要求，是中央文件中首次明确将行政检察监督领域从行政诉讼监督中拓展开来，并进行框架式制度设计的部署。2015年《法治政府建设实施纲要（2015-2020年）》对上述决定的部署作出积极响应，对检察机关监督行政违法行为予以明确[1]。但相应的规定在2021年《法治政府建设实施纲要（2021-2025年）》进行了修改，只保留了对行政检察"司法监督"的表述。2021年《中共中央关于加强新时代检察机关法律监督工作的意见》，要求补齐短板，充分发挥检察机关的法律监督职责，对行政诉讼监督、行政违法行为监督、行政公益诉讼、"两法衔接"等行政检察职能提出了更加明确的要求[2]。在法律规定还不够明确的情况下，这些政策决定是当前行政检察工作开展

---

[1]《法治政府建设实施纲要（2015-2020年）》第27条规定："……检察机关对在履行职责中发现的行政违法行为进行监督，行政机关应当积极配合。"

[2]《中共中央关于加强新时代检察机关法律监督工作的意见》第3部分"全面提升法律监督质量和效果，维护司法公正"第5条规定："……对于行政执法机关不依法向公安机关移送涉嫌犯罪案件的，检察机关要依法监督……"第10条规定："全面深化行政检察监督。检察机关依法履行对行政诉讼活动的法律监督职能，促进审判机关依法审判，推进行政机关依法履职，维护行政相对人合法权益；在履行法律监督职责中发现行政机关违法行使职权或者不行使职权的，可以依照法律规定制发检察建议等督促其纠正；在履行法律监督职责中开展行政争议实质性化解工作，促进案结事了。"第11条规定："积极稳妥推进公益诉讼检察。建立公益诉讼检察与行政执法信息共享机制，加大生态环境和资源保护、食品药品安全、国有财产保护、国有土地使用权出让和英烈权益保护、未成年人权益保护等重点领域公益诉讼案件办理力度。积极稳妥拓展公益诉讼案件范围，探索办理安全生产、公共卫生、妇女及残疾人权益保护、个人信息保护、文物和文化遗产保护等领域公益损害案件，总结实践经验，完善相关立法。"

的纲领,为新时代我国行政检察发展指明了方向和根本遵循,更为新时代我国行政检察深化发展提供了重要契机和广阔空间。具体在实践操作中,上述部署还是要通过转化为立法的形式固定下来,成为行政检察工作的直接法律依据。

第二节 行政检察的基本范畴和概念

一、行政检察的基本范畴

行政检察的范畴并不是固化、一成不变的,而是动态发展、不断优化的。由于行政检察起步晚、发展不充分,对于什么是行政检察?行政检察监督的范围应该包括什么?行政检察的概念是什么?目前理论界和实务界还存有不同的认识。综合大家的认识,包含如下范畴:

(一)行政诉讼检察监督

1989年《行政诉讼法》颁布以来,全国检察机关即开始履行对生效行政裁判的监督职权。行政诉讼检察监督,顾名思义,就是检察机关对行政诉讼进行的监督。包括对生效行政裁判结果的监督、对审判过程程序合法性的监督以及对法院行政裁判执行活动的监督。行政诉讼检察监督是行政检察业务中历史最悠久的部分,也是法律规范保障最充分、指引最清晰、运作最成熟的一种监督。较长一段时间,最高检发布的行政指导性案例都是以行政诉讼监督为主。这项监督职能伴随着行政检察从无到有的发展历程,有学者认为其当之无愧是行政检察的核心业务[1]。以行

---

[1] 张相军:《关于做好新时代行政检察工作的思考》,载《中国检察官》2019年第7期。

政诉讼检察监督为核心,近年还延伸出行政非诉执行的检察监督。即行政机关作出行政行为后,行政相对人在法定期限既不履行决定、也不寻求司法救济,行政机关由于没有强制执行权,向法院申请裁定执行的案件[1]。

但也有学者对行政诉讼检察监督是否属于行政检察的范畴持不同意见。有学者认为行政检察包含对诉讼外行政行为的检察监督,但行政诉讼检察监督和对行政行为的直接监督有明显的不同,要严格区分[2]。还有学者认为,对行政诉讼检察的监督不属于行政检察的范畴,而属于诉讼监督范畴[3]。

(二) 行政公益诉讼

检察机关开展公益诉讼的讨论早在上个世纪末就已经开始,但是进展却并不顺利。一方面,理论上各方并不能形成一致意见;另一方面,由于欠缺法律依据,在实践上的探索也多以失败告终[4]。2014年《全面推进依法治国决定》发布后,最高检着手推动公益诉讼试点工作;2017年《行政诉讼法》修改,行政公益诉讼制度通过法律的形式予以确定。《行政诉讼法》规定,围绕生态环境和资源保护等特定领域,检察机关对在履职中发现负有监督管理职责的行政机关违法行使职权或者不作为的情况,为了保护国家利益或者社会公共利益不受损害,应当

---

[1] 张相军、张薰尹:《行政非诉执行检察监督的理据与难点》,载《行政法学研究》2022年第3期。

[2] 姜明安:《论新时代中国特色行政检察》,载《国家检察官学院学报》2020年第4期。

[3] 陈瑞华:《论检察机关的法律职能》,载《政法论坛》2018年第1期。

[4] 2001年恩施市人民检察院以保护国有资产和公共利益为由,以原告身份提起民事诉讼,起诉张苏文,要求其返还国有财产,但法院以没有法律依据为由,认为本案不应受理,遂裁定驳回起诉。为此,最高人民法院(以下简称"最高法")出具了《最高人民法院关于恩施市人民检察院诉张苏文返还国有财产一案的复函》。

行使检察监督权[1]。监督分为诉前检察建议和提起诉讼两个环节。检察机关提起诉讼必须以向行政机关出具依法履职的检察建议书为诉前程序。检察机关将诉前实现监督效果为最佳目标，近年案件办理数量和监督成效都取得了较好成绩。但也有相当一部分学者认为，行政公益诉讼虽然发挥了对行政行为的监督作用，但是更多是公诉权的体现，而不能归为行政检察的范畴。具体而言，行政公益诉讼的前置程序，可以归为行政检察范畴；但之后的行政公益诉讼则属于检察公诉权范畴，而不应包含在行政检察的范畴。在这样的认识基础上，有学者提出行政检察包括行政公益诉讼诉前程序，但不包括行政诉讼监督、提起行政公益诉讼[2]。

（三）对行政违法行为的监督

随着依法治国进程的全面推进，国家对依法行政越来越重视；检察机关也顺应形势发展，积极探索发挥法律监督职能参与社会管理创新的新路径，对行政违法活动的检察监督应运而生。借助立案监督职能，与相关部门共同制定多部规范性文件，不断构建完善"两法衔接"的制度机制，将行政检察拓展至行政执法领域[3]。同期，行政检察以检察建议为载体，对社会治安综合治理等行政执法活动发挥监督促进作用。这一时期，也

---

[1]《行政诉讼法》（2017年修正）第25条第4款规定："人民检察院在履行职责中发现生态环境和资源保护、食品药品安全、国有财产保护、国有土地使用权出让等领域负有监督管理职责的行政机关违法行使职权或者不作为，致使国家利益或者社会公共利益受到侵害的，应当向行政机关提出检察建议，督促其依法履行职责。行政机关不依法履行职责的，人民检察院依法向人民法院提起诉讼。"

[2] 陈家勋：《行政检察：国家行政监督体系中的补强力量》，载《现代法学》2020年第6期。

[3] 梁春程：《行政违法行为法律监督的历史、困境和出路》，载《天津法学》2018年第3期。

有很多学者开始论证行政违法行为检察监督的必要性、可行性等[1]。2014年《全面推进依法治国决定》作出了开展行政违法行为监督的重大决策部署，这是对检察机关多年来围绕行政检察积极实践探索和理论研究的充分肯定。对于行政检察而言，尽管这项业务已经经历了一段时间的探索，但依旧面临着规范不足、范围不清等难题。同行政诉讼监督相比，基本上还属于一项新的业务，是当前行政检察深化改革的重点任务，也是行政检察实现提质发展的重要突破口。对于行政违法监督属于行政检察的范畴，基本上在理论界形成了共识。但是在行政检察的具体范围上，学者们还没有达成一致。有的认为应涵盖与公民权利密切相关的具体行政行为[2]，有的认为要聚焦严重损害公共利益但不涉及个人权益的行政行为[3]，有的则认为应限定在行政诉讼程序之外的违法行政行为。

二、行政检察的概念

基于对行政检察内涵的认识分歧，行政检察的概念也存在很多不同观点和认识。针对众说纷纭的状态，甚至有观点不客

---

[1] 张步洪、孟鸿志：《检察机关对公共行政的监督》，载《人民检察》2001年第9期；陈骏业：《行政权力检察监督的探索与构想》，载《人民检察》2005年第11期；时洪：《行政检察监督行政执法活动初探》，载《检察实践》2005年第4期；张步洪：《行政检察基本体系初论》，载《国家检察官学院学报》2011年第2期；崔建科：《论行政执法检察监督制度的构建》，载《法学论坛》2014年第4期。

[2] 韩成军：《具体行政行为检察监督的制度架构》，载《当代法学》2014年第5期。

[3] 刘畅、肖泽晟：《行政违法行为检察监督的边界》，载《行政法学研究》2017年第1期。

气地指出，行政检察还属于一个比较混乱的概念范畴[1]。按照监督范围，大体上可以将行政检察的概念分为广义和狭义两大类。主要的观点包括：

狭义的行政检察概念。观点一，行政检察仅限于行政诉讼监督。这一观点认为行政检察就是检察机关依照法律对行政诉讼活动实施的法律监督，主要监督对象是行政审判结果及审判过程的合法性，与刑事诉讼监督、民事诉讼监督共同构成三大诉讼监督[2]。观点二，行政检察是检察机关对行政机关行政行为实施的法律监督，包括行政执法活动、行政司法活动和行政规范性文件。其他的监督比如行政公益诉讼、行政诉讼监督等都不包含在行政检察的概念之内[3]。观点三，行政检察是检察机关依照《宪法》和法律的规定，对行政主体的行政权力和行政活动依法进行的监督[4]。

广义的行政检察概念。观点一，在狭义的行政诉讼监督基础上，吸纳了人民检察院对行政机关具体行政行为的直接监督[5]，是检察机关对行政诉讼、行政违法行为进行的法律监督。观点二，曾经是所有概念中最宽泛的，认为行政检察是检察机关监

---

[1] 常小锐：《论法治视野下行政检察监督模式的建构与完善》，载《法制博览（中旬刊）》2013年第11期。

[2] 王洪宇：《行政检察监督方式的法律思考》，载《法学家》2000年第2期；肖金明：《建构、完善和发展我国行政检察制度》，载《河南社会科学》2011年第6期。

[3] 秦前红：《两种"法律监督"的概念分野与行政检察监督之归位》，载《东方法学》2018年第1期。

[4] 谢志强：《行政检察制度比较研究》，载《河北法学》2010年第9期；廖腾琼、李乐平：《行政检察监督权研究》，载《中国检察官》2008年第5期。

[5] 张步洪：《行政检察基本体系初论》，载《国家检察官学院学报》2011年第2期；田力、郝明、田东平：《行政检察的对象和方式辨析》，载《人民检察》2012年第15期。

督行政诉讼、行政违法行为、行政机关及其工作人员渎职等所有法律监督的总和[1]。但检察机关职务犯罪侦查职能"转隶"后，检察职能发生了重大调整，这一类观点已经很少被提及。

为了表达对行政检察概念的理解和认定，有些学者索性绕过行政检察这一提法，依照自己的理解对其监督冠以不同的名称，以阐释自己想强调的行政检察的内涵。有的称之为"行政违法行为检察监督[2]"，有的称之为"行政执法检察[3]"，还有的称之为"行政行为检察[4]"。还有学者认为这些分歧之间，其实并不存在原则性矛盾，也并非不可调和或者无法解决的[5]。

我国现有法律和政策对"行政检察"尚没有作出明确、直接的规定。现有的规定中使用的都是法律监督、行使检察权、实行法律监督等表述。这也是造成大家认识不一致的原因所在。行政检察实践的发展推动检察理论不断向前，对行政检察概念的认识也不断发展深化。从以上观点的时间脉络看，对行政检察概念的界定和认识，逐渐从检察机关的机构设置和传统职能，向《宪法》规定的法律监督职能靠拢，并逐渐接近对行政公权力进行法律监督制约的层面。

---

[1] 常小锐：《论法治视野下行政检察监督模式的建构与完善》，载《法制博览（中旬刊）》2013年第11期。

[2] 刘畅、肖泽晟：《行政违法行为检察监督的边界》，载《行政法学研究》2017年第1期。

[3] 傅国云：《行政执法检察机制改革的几点设想》，载《法治研究》2016年第3期；谢鹏程：《行政执法检察监督论》，中国检察出版社2016年版，第12页。

[4] 杜睿哲、赵潇：《行政执法检察监督：理念、路径与规范》，载《国家行政学院学报》2014年第2期；唐璨：《论行政行为检察监督及其制度优势》，载《江淮论坛》2015年第2期。

[5] 秦前红：《两种"法律监督"的概念分野与行政检察监督之归位》，载《东方法学》2018年第1期。

通过比较检察实务和理论界观点,我们可以发现,对行政检察的内涵、概念的探讨,实际上有两个维度。第一个维度是立足于行政检察在检察职能中的定位,即立足于检察权对行政权监督的维度;另一个维度是从国家整体行政权监督体系的维度,即从行政权的维度。其实这两个维度并不是完全对立、不可融合的。对行政检察的探讨,离不开行政监督的整体监督体系,但根本立足点还在于检察机关的职能定位和职权行使,离开检察权的根基而讨论行政检察是无本之木、无源之水。本书是以检察权为视角,对检察权监督行政权而进行的审视;而非从行政权视角,对各种监督权力的审视。本书研究的基础和立足点,是法律监督属性检察权配置下的行政检察;研究的目的和落脚点,是促进行政检察的更好发展,更好发挥检察权在行政法制监督体系中的独特作用。因此,更倾向于行政检察是指检察机关依据法律授权、运用法定手段对行政执法等行政行为及行政诉讼等活动中法律规范的实施、适用情况进行监督并产生法律效力的特定活动[1]。当前检察机关已经开展的、正在积极探索的和未来可能开展的,以检察权对行政权依法运行进行监督的有关的检察工作,都是行政检察涵盖的范围,不受检察机关业务部门分设和职能分工的局限。

第三节 行政检察的功能与体系

一、行政检察的功能

对应行政检察内涵与概念的不同观点,对行政检察的功能

---

[1] 杨立新:《新中国民事行政检察发展前瞻》,载《河南省政法管理干部学院学报》1999 年第 2 期。

也有不同的认识和期许。主张行政检察是检察机关对行政诉讼进行监督的观点的学者，认为行政检察的立足点是对行政诉讼的监督，其功能主要体现在对行政审判的监督[1]。而针对行政诉讼监督不是对行政行为监督的观点，有学者指出，检察机关对行政诉讼活动开展的监督，虽然直接指向的监督对象是行政诉讼活动的合法性，但实际上达到了对具体行政行为的监督。尽管这种监督效果是借助对行政诉讼的合法性监督这样一种间接的方式进行[2]。

主张行政检察是检察机关对行政行为进行监督的观点的学者，认为行政检察立足于维护法制统一的根本目标，监督对象是行政法律的实施[3]；对公共行政的监督则体现了检察机关维护行政法秩序的功能[4]。因而，行政检察就是"检察机关监督公共行政的制度与活动"[5]，行政检察法律监督的本质体现了检察权对其他国家权力的制约[6]，体现了对国家法制统一的维护。

主张广义行政检察概念的观点的学者，则认为检察机关对行政诉讼活动的监督和对行政违法行为的监督，是国家赋予的检察机关法律监督职责的应有之义。同时认为行政检察具有畅

---

[1] 田凯：《行政检察制度初论》，载《人民检察》2014年第11期。
[2] 韩永红：《我国法律体系中的行政检察监督权》，载《广东行政学院学报》2014年第2期。
[3] 姜涛：《检察机关行政法律监督制度研究》，载《东方法学》2016年第6期；杨立新：《民事行政诉讼检察监督与司法公正》，载《法学研究》2000年第4期。
[4] 秦前红：《两种"法律监督"的概念分野与行政检察监督之归位》，载《东方法学》2018年第1期。
[5] 张步洪：《行政检察基本体系初论》，载《国家检察官学院学报》2011年第2期。
[6] 田夫：《检察院性质新解》，载《法制与社会发展》2018年第6期。

通行政执法和审判活动的程序衔接优势，可以摆脱行政诉讼审判的困局，减轻审判机关的行政审判压力[1]。在保护公益方面，与行政权的公益性相比，检察权侧重于对受损的公益进行救济[2]。在涉及公民人身、财产权益的私益方面，行政检察侧重于对违法行政强制措施侵犯的公民权利的救济[3]，更侧重于彰显人权保障理念[4]。还有学者认为，行政检察拥有主动、威慑以及公益导向等优势，具有弥补诉讼和复议缺憾的潜力，是解决行政争议的第三种制度选择[5]。

行政检察作为检察机关职能的一个分支，担负的宪法制度使命是法律监督、维护国家法制统一，进而发挥保障国家治理、服务国家治理的效能。检察权作为国家治理权力的一部分，在国家治理和社会治理中发挥着重要的服务和保障功能[6]，这决定了行政检察权能的行使要竭力维护客观法秩序，以维护公共利益为重，通过监督确保法治下正常的公共行政管理秩序[7]。

---

[1] 唐璨：《论行政行为检察监督及其制度优势》，载《江淮论坛》2015年第2期。

[2] 王守安、田凯：《论我国检察权的属性》，载《国家检察官学院学报》2016年第5期。

[3] 王春业：《论行政强制措施的检察监督——以涉及公民人身、财产权益的行政强制措施为对象》，载《东方法学》2016年第2期。

[4] 宋涛、杨磊：《诉讼外行政强制措施的检察监督制度构建研究》，载《学习论坛》2018年第2期。

[5] 解志勇：《行政检察：解决行政争议的第三条道路》，载《中国法学》2015年第1期。笔者对此观点并不认同。解决争议，并不是法律监督的终极使命，不能作为行政检察的工作目标。行政检察在监督违法过程中，延伸性地解决争议，是积极履职的表现；但为了解决争议而刻意动用行政检察资源，并不值得提倡。

[6] 宫鸣：《检察机关服务和保障国家治理效能探究》，载《人民检察》2021年第5期。

[7] 梁春程：《司法改革背景下行政检察制度研究》，华东政法大学2019年博士学位论文。

二、行政检察的体系

随着行政检察的不断发展，监督权范围逐渐拓展，体系也呈现出扩大的趋势。有学者主张，行政检察的体系应包括检察机关对行政诉讼、行政执法的监督，包括对职务犯罪侦查、"两法衔接"、抽象行政行为等方面的监督，还包括提起公益诉讼、督促起诉[1]。但也有学者认为，"两法衔接"中，检察机关的职能是基于刑事立案监督，而非基于行政法制监督；至于职务犯罪侦查，则属于检察机关的侦查职权，与体现权力制衡的行政检察监督无关[2]。行政检察的范畴和功能决定了行政检察的体系，两者密切相关。基于前面的梳理比较，本书认为行政检察的体系应当围绕维护客观法秩序，服务国家治理；监督对象包含行政立法、司法和执行主体，具体范畴包含行政诉讼监督、行政违法行为监督、行政规范性文件监督、"两法衔接"监督、提起行政公益诉讼等。

对于行政诉讼监督涵盖于行政检察体系之中，有很多学者是不赞成的，认为行政检察监督仅着眼于行政诉讼程序，是以行政诉讼活动是否合法为监督指向、以实现对审判权的监督制约能效为目标，发挥督促审判机关依法行使审判权的职权功能[3]。笔者认为，尽管行政诉讼检察监督直接指向的是行政审判权，但是通过对审判权的监督间接实现了对行政权依法运行的监督效果。当前法律规定及检察实践中，行政诉讼检察监督

---

[1] 张步洪：《行政检察制度论》，中国检察出版社2013年版，第11~14页。
[2] 王玄玮：《论检察权对行政权的法律监督》，载《国家检察官学院学报》2011年第3期。
[3] 王玄玮：《论检察权对行政权的法律监督》，载《国家检察官学院学报》2011年第3期。

第三章 行政检察的界定和角色定位

不再局限于对生效的行政判决、裁定、调解书的监督,而是贯穿于整个行政诉讼全过程,是对行政诉讼案件的立案与受理、审判组成人员的合法性、审判人员在审判程序中是否存在违法行为等全过程的监督;还包括对行政诉讼案件的执行监督,并延伸出对行政非诉执行的监督[1]。对行政诉讼的检察监督,既督促了审判机关公正司法,又通过对诉讼结果和程序的监督促进了行政机关依法行政,发挥了重要的"一手托两家"的功能[2],因而应该纳入行政检察的体系。

对行政违法行为的检察监督属于行政检察体系,这点已经得到普遍共识。一些学者主张行政检察要直面行政权,认为直接对行政行为开展监督,才是行政检察实现法律监督职责的根本路径[3]。根据中共中央《全面推进依法治国决定》,检察机关要加强对涉及公民人身、财产权益的行政强制措施的监督。违法行政强制措施属于违法行政行为范畴,检察机关对其进行监督,不仅能强化人权的司法保护,还督促了行政机关依法行政,体现了行政检察的内涵和价值追求。

对于行政公益诉讼是否应属于行政检察体系,学者们观点并不一致。有学者认为行政公益诉讼的基础在于检察机关在国家权力架构中的分权制衡职责,是实现国家法律监督职能的特

---

[1] 常锋:《行政检察创新监督理念回应人民群众更高要求——专访中国政法大学终身教授应松年》,载《人民检察》2021年第C1期。
[2] 张相军:《关于做好新时代行政检察工作的思考》,载《中国检察官》2019年第7期。
[3] 秦前红、陈家勋:《打造适于直面行政权的检察监督》,载《探索》2020年第6期;常小锐:《论法治视野下行政检察监督模式的建构与完善》,载《法制博览(中旬刊)》2013年第11期。

殊形式的诉讼[1]。也有学者认为行政公益诉讼体现的是检察机关的诉讼职能[2]。有学者指出，从公益诉讼的功能和价值角度衡量，检察机关采用诉讼形式对行政权进行监督，是行政检察的一种方式，将其归为行政检察的范畴也是十分必要的[3]。虽然按照现在检察机关内部机构划分，行政公益诉讼由公益诉讼检察部门实践，并且在四大检察监督格局中，与行政检察并立分设。但是本书对行政检察的讨论以检察权为基础，以通过检察权对行政权进行监督为视角，不受检察机关内部机构设置所制约。无论是行政公益诉讼监督的对象、行使的权力还是实现的目的，都体现了检察权对行政权的监督，因而理应将其纳入行政检察体系。

检察机关对"两法衔接"的监督，无论是监督对象的本质还是行政机关行政执法行为的后端，都是行政处罚结果和程序合法性的监督，防止行政机关滥用行政权、杜绝"以罚代刑"等违法现象的发生，也理应属于行政检察体系。

对行政规范性文件的监督，即对抽象行政行为的监督也应该属于行政检察的体系。行政规范性文件，指的是规章以下的、对行政机关有约束力的规范性文件。有学者认为，由于行政立法具有法规创造力，已经超出了法律实施范畴，不应纳入行政检察监督的对象[4]；但也有学者认为，通过行政检察监督，确

---

[1] 高家伟：《检察行政公益诉讼的理论基础》，载《国家检察官学院学报》2017年第2期。

[2] 秦前红：《检察机关参与行政公益诉讼理论与实践的若干问题探讨》，载《政治与法律》2016年第11期。

[3] 孙谦：《设置行政公诉的价值目标与制度构想》，载《中国社会科学》2011年第1期。

[4] 黄宇骁：《也论法律的法规创造力原则》，载《中外法学》2017年第5期。

保行政规范性文件与《宪法》、法律相统一，是检察机关履行法律监督职责，维护法律适用秩序性、权威性的应有之义[1]。

第四节 行政检察监督在行政法制监督体系中的角色定位

行政检察在检察机关的法律监督工作中具有重要地位，在整个国家监督体系中具有必要性并独具优势；但在多元的国家行政法制监督体系中，检察监督只是其中的一个组成部分，而非全部[2]。多元的国家行政法制监督体系是一个制度整体，由众多国家机关共同构建，共同任务是确保行政行为依法有序行使、维护客观法秩序。人大监督、行政内部监督部门监督、纪检监察监督、法院监督、检察监督都是这个监督体系中的组成部分。多元监督主体立足各自职责定位，发挥各自监督优势和所长，以不同层面、不同角度的监督形成监督合力；而行政检察作为其中重要的一项，发挥检察机关法律监督的协同和补强作用[3]。

一、检察机关法律监督不是国家行政法制监督体系的主导力量

不管从历史或从现实的情况看，行政检察从未曾成为国家行政法制监督体系的主要构成部分，也很难发展成为其中的主

---

[1] 秦前红：《两种"法律监督"的概念分野与行政检察监督之归位》，载《东方法学》2018年第1期。
[2] 应松年等：《行政诉讼检察监督制度的改革与完善》，载《国家检察官学院学报》2015年第3期。
[3] 姜明安：《完善立法，推进检察机关对行政违法行为的监督》，载《检察日报》2016年3月7日，第3版。

要构成部分。回顾国家行政法制监督体系的发展历程,其呈现了从行政内部监督再到外部监督的发展路径,呈现了党内监督带动行政机关自我监督、再到司法监督的延展层次。1978年重设纪律检查委员会,1982年审计机关设立,1986年行政监察机关设立。2018年监察体制改革,检察机关的职务犯罪侦查职能被划归监察机关。整体上,党内监督是国家监督体系的主导,且主导地位越来越强势。反观新中国成立以来检察监督的发展历史,检察机关曾被撤销过、职能被缩减过。历史和现实都表明,检察机关从未曾成为国家行政法制监督体系中的主导力量,未来也不会成为国家行政法制监督体系构建中的主导力量。

在整个国家权力构建的上层设计中,检察机关对行政权的监督处于一个有限的范畴内。监督权的行使要根据法律的授权,明确由检察机关监督的,才能实施法律监督;并且监督介入的程度、范围、程序都要严格按照法律规定,是有限且节制的。比如,对行政违法行为的监督,特别限定必须是在履行职责中发现的行政违法行为。

检察权的行使没有终局效果,无法产生有足够影响的实体意义[1],其以监督为价值体现的制度设计初衷决定了其以程序性的制约权来实现对实体监督的监督方式[2]。在与其他被监督权力的关系上,检察权并不具有超越其他国家权力或者优越于其它国家权力的特权[3]。检察机关行使法律监督职权时,无论是依法提出抗诉,还是依法提出检察建议、纠正意见等,采取

---

[1] 韩大元、刘松山:《论我国检察机关的宪法地位》,载《中国人民大学学报》2002年第5期。

[2] 刘树选、王雄飞:《法律监督理论和检察监督权》,载《国家检察官学院学报》1999年第4期。

[3] 李傲、臧荣华:《略论我国的行政检察原则》,载《法学评论》2014年第5期。

的这些手段都与实体利益的处置无直接关联。在国家行政法制监督体系中,其他国家机关皆拥有相应领域不同程度的实体处分权;审判机关拥有对行政案件的终局裁判权、执行权,行政机关有权维持、撤销、变更有关行政行为,监察机关有权对公职人员作出政务处分;只有检察机关的行政检察监督没有实体处分权,明显刚性不足,因而难以形成强有力的强制约束力。这决定了同其他监督相比,行政检察监督并不是行政法制监督体系中的主要力量。综上所述,行政检察很难在行政监督中发挥主力作用,对此要有客观清醒的认识。

二、行政检察监督在整个行政法制监督体系中发挥补强作用

虽然不是主要监督,但并不意味着行政检察是可有可无的监督。构建职责明确、依法行政的政府治理体系,加强对行政权的监督,是依法治国的一项重要任务,也是检察权的一项重要使命。在法治政府的布局之中,需要构建多主体、多维度、多角度的监督体系,检察机关的法律监督是其中必不可少的组成部分。鉴于上述提到的检察权特点和在监督行政权方面的优势,行政法制监督体系需要行政检察的参与,行政检察的独特优势也具有不可或缺的作用。在整个行政法制监督体系中,检察机关的监督同其他监督比,具有机构和权力行使的独立性,既保证了检察监督的专业性和效率,也保证了检察监督的居中、客观、公正,检察机关得以在监督时全面客观调查事实真相,公正地采取行动[1]。检察机关作为专门的法律监督机关,对行

---

[1] 谢佑平、万毅:《检察官当事人化与客观公正义务——对我国检察制度改革的一点反思》,载《人民检察》2002年第5期。

政行为是否合法作出专业判断，提供专业法律评价[1]。检察监督虽然作为一种具有司法属性的监督，但具有独立自主性，可以主导自己的监督工作，能够充分发挥主观能动性，并且运用灵活多样的手段与举措进行监督。

检察机关具体监督、制度化监督的优势，可以弥补权力机关监督宏观性、不经常性的短板。检察机关监督主动性、能动性的优势，可以摆脱行政诉讼制度的束缚。检察机关直接以行政主体为监督对象，以监督行政管理活动为抓手，以行政行为是否合法为审查标准，可以与监察机关主要对人进行的监督，即主要监督公职人员的勤勉、廉洁的监察活动形成完美的配合，更有益于对行政违法的纠正，有益于对公共利益和个人利益的维护[2]。不同于补充的被动、消极，补强具有填补和强化的重要功能，是积极的、主动的。行政检察既可以填补行政法制监督体系中的缺陷，也可以适时介入、助力其他监督，提升对行政权的监督合力和整体水平，强化行政法制监督体系建设。简单说就是发挥"无则补之、有则强化"的作用[3]。

第五节　境外行政检察借鉴

世界各国检察机关性质不同、机构设置不同、权力配置不同，但普遍都存在对行政权的监督和制衡，为我们提供了有益

---

[1] 秦前红、陈家勋：《打造适于直面行政权的检察监督》，载《探索》2020年第6期。

[2] 秦前红、陈家勋：《打造适于直面行政权的检察监督》，载《探索》2020年第6期。

[3] 陈家勋：《行政检察：国家行政监督体系中的补强力量》，载《现代法学》2020年第6期。

的参考。

一、外国行政检察做法

（1）法国。对行政违法行为的检察监督范围较为广泛。检察官几乎可以介入全部行政诉讼案件的审理，享有对所有行政诉讼案件进行了解的工作便利；有权全面审查行政诉讼案件，向审判机关提出处理意见[1]。一切涉及到社会公共利益和公民权益的行政案件，法国检察官都有权参加，并且拥有案件的上诉权[2]。检察官还享有监督司法辅助人员、户政官员，监督私立教育机构、公立精神病院、司法救助机构的运行等职能[3]。

（2）德国。检察机关有权参与一切涉及社会公共利益的行政诉讼案件[4]。设立行政诉讼公益代表人制度，联邦、州和地方三级检察官有权作为公益代表人，参加相应级别行政法院的诉讼[5]。对于违背公益的判决，参与诉讼的检察官可以提起上诉或者要求变更[6]。检察官针对可能对公共利益造成威胁的、政府正在实施的行政执法行为，为避免不可挽回的后果，可以提出预防性停止作为的诉讼，即停止作为之诉[7]。

（3）美国。在参与行政诉讼方面，美国检察官具有广泛的权力。联邦检察长有权决定并参与他认为涉及联邦利益的任何

---

[1] 王名扬：《法国行政法》，北京大学出版社2016年版，第581页。
[2] 洪浩：《检察权论》，武汉大学出版社2001年版，第63~66页。
[3] 王然冀主编：《当代中国检察学》，法律出版社1989年版，第70页。
[4] 卢建平主编：《检察学的基本范畴》，中国检察出版社2010年版，第55页。
[5] 胡建淼：《十国行政法——比较研究》，中国政法大学出版社1993年版，第223页。
[6] 刘庆、车徇：《我国检察机关提起行政公益诉讼制度探析》，载《合肥学院学报（社会科学版）》2010年第4期。
[7] 肖中扬：《论新时代行政检察》，载《法学评论》2019年第1期。

行政诉讼案件，检察官有权决定并参与他认为涉及社会公共利益的任何行政诉讼案件[1]。检察长还有权指派检察官，就损害社会公众利益的行政违法案件进行调查并提起行政诉讼[2]。

（4）英国。检察总长的职责是代表公共利益监督行政活动，并提起诉讼，以保护国家公益[3]。对涉及公共利益的行政案件，检察官可以提起公益诉讼[4]；需要颁布命令状或宣布加以保护的行政公益诉讼，必须由检察长参加，或者经检察长授权，由检察官借检察长名义提起诉讼[5]。设置行政裁判所和议会行政监察专员署等专门监督行政机关及公务人员行政行为的机构，专职监督侵害公民权益、虽然不违法但不合理的不良行政行为。如经行政监察专员确认属于不良行政的，行政检察专员可以建议行政机关将原来的行政行为撤销或改变，并给予受害人补偿[6]。

（5）苏联。检察机关主动对法制实行"一般监督"，有权代表国家对各类机关、团体以及公民是否遵守法律实行监督[7]。检察机关对权力机关和管理机关发布的法令是否合法，行政处分类型、范围和程序是否合法进行监督；对于强制性决定，检察机关还审查其是否遵守了特别程序的规定。存在行政违法行为时，检察机关采用提出抗议、提出消除非法行为原因

---

[1] 金明焕主编：《比较检察制度概论》，中国检察出版社1993年版，第278页。
[2] 甄贞等：《检察制度比较研究》，法律出版社2010年版，第349页。
[3] 王名扬：《英国行政法、比较行政法》，北京大学出版社2016年版，第206页。
[4] 梁国庆主编：《检察业务概论》，中国检察出版社1991年版，第395页。
[5] 卢建平主编：《检察学的基本范畴》，中国检察出版社2010年版，第52页。
[6] 王名扬：《英国行政法》，中国政法大学出版社1987年版，第251～260页。
[7] 李勇：《传承与创新：新中国检察监督制度史》，中国检察出版社2010年版，第189页。

和条件的意见书等监督举措,请求恢复公民或团体受到侵犯的权利[1]。

(6) 俄罗斯。苏联解体之后,以俄罗斯为代表的独联体国家虽然在法律制度和法治理念等方面进行了改变,但对苏联的行政检察监督制度都予以了不同程度的保留。特别是俄罗斯,在苏联行政检察监督的做法之上,进行了进一步的完善和丰富。检察长有权向主管机关提出消除违法行为以及追究过错人责任的意见;并享有一定范围的违宪审查权,可以提出异议、提起行政违法诉讼等,以国家的名义要求将抵触宪法、法律的规范予以撤销或者修正[2]。行政检察职能方面还享有诉讼监督权和执行监督权,在行政监督手段方面有抗告、抗诉、公诉、消除违法建议、检察检查、行政调查等,效力刚柔结合,涉及行政程序和司法程序,涵盖事前、事中、事后监督[3]。

二、澳门特别行政区行政检察做法

根据《澳门司法组织纲要法》,澳门特别行政区检察机关在行政方面,主要行使下列职权:根据《行政诉讼法》的规定,当利害关系人针对政府提起行政诉讼时,在维护合法性的前提下为政府辩护;以违反合法性为理由,针对政府各级行政官员的行政行为提起司法上诉,要求法院撤销行政行为或宣告无效;委派代表出席政府工程或服务公开招标的开标仪式,确保开标

---

[1] 谢鹏程选编:《前苏联检察制度》,中国检察出版社2008年版,第112~116、202~206页。

[2] [俄] Ю.Е.维诺库罗夫主编:《检察监督》,刘向文译,中国检察出版社2009年版,第151~162页。

[3] 刘天来:《俄罗斯行政检察制度研究》,载《北方法学》2019年第3期。

过程公正及依法进行；依法或应行政长官请求时，参与订立澳门特别行政区政府为利害关系人的合同等[1]。

经查阅近年《澳门特别行政区检察院工作报告》，澳门特别行政区检察机关在公益和行政方面的职权主要包括：在法庭代表澳门特别行政区。维护合法性和保护公共利益，在法律规定的情况下，维护集体利益或大众利益，依职权在法院代理劳工及其家属，并参与破产或无偿还能力的程序以及所有涉及公共利益的程序。监督法律实施，依法参与诉讼和关注审判程序的合法性，监督公共采购和公开招投程序的公开性，对非有效的行政行为提起司法上诉；在诉讼法律规定的情况下，对《澳门特别行政区基本法》实施进行监察。近年来，澳门特别行政区检察机关依法办理因政府宣告土地批给失效致特区面对索偿的案件，坚持合法原则和客观原则，以最大努力捍卫特区的国有土地资源和公共财产权益；妥善处置善丰花园事件，依职权维护特区公共财产利益，同时亦力求保障小业主的合法权益；2016年、2017年处理数千宗涉及行政处罚网约车案件。

香港特别行政区、台湾地区的检察机关公益性主要体现在刑事、民事领域，在行政领域发挥职能有限。

三、借鉴

无论上述国家或地区采用什么样的国体、什么样的政体，也不论这些国家或地区采用什么样的监督方式或手段，求同存异，这些国家或地区对行政权进行监督和制衡的初衷是完全一致的，对行政权依法运行的价值追求目标也是完全一致的。为

---

[1] 根据澳门特别行政区检察院官方网站资料整理，http://www.mp.gov.mo，最后访问日期：2023年11月30日。

了能够保证监督有力,这些国家和地区通过法律等形式,将监督行政权的主体、相应的职责和权限、具体的行使程序和手段等明文规定,从立法层面增强行政检察的权威性,达到规范监督行政行为、依法制衡政府权力之目的。同样,这些监督活动都以公益为目标,检察机关更多被视为国家利益、社会公益的代表;都讲求保持监督权行使的谦抑性。注重加强行政检察的目的是监督和促进依法行政,保障行政行为公正高效透明运行,保持合理的权力边界,兼顾好各方平衡[1]。为实现行政检察监督的实效,这些国家和地区都赋予了检察机关不同的职权和监督手段,这对我们构建新时代我国行政检察体系提供了有益参考。

---

[1] 张智辉主编:《检察权优化配置研究》,中国检察出版社2014年版,第37~40页。

第四章
我国行政检察实践

第一节 我国行政检察的发展历程

伴随中国检察制度的曲折发展，行政检察的发展也经历了起步、停滞、重新启航的历程。最高检1978年恢复建院，从1980年开始，每年在全国人大上作工作报告。最高检网站公布了自1980年开始至今的工作报告，对每一年检察工作取得的成就和进步、做出的贡献、存在的问题、下一年工作安排等都进行了客观系统的记载。通过梳理这些工作报告，我们可以清晰地看到中国检察制度包括行政检察制度的发展和演变。根据个人对中国检察制度发展历程和重要节点的理解，本书认为，可以将其分为以下几个阶段：

一、初步探索阶段（1987年—1992年）

1988年工作报告指出："随着社会主义民主的健全和法制建设的不断完善，检察机关要进一步履行法律监督的职责"，"根据有关法律的规定，还要参与民事、行政诉讼，制定民事、行政审判监督的具体程序，以保障国家法律的统一实施"，就此拉开了行政检察的序幕[1]。1988年，最高检改革和调整了业务机

---

[1] 1988年最高检工作报告（1988年4月1日经第七届全国人大第一次会议审议）

构,实行了新的"三定"方案(即定机构、定职责、定编制),设立民事行政检察厅,并根据《民事诉讼法(试行)》的规定,在少数基层检察院进行了对人民法院的民事、行政审判活动实行法律监督的试点工作。有关工作在各地人民法院和有关机关的支持下,取得了一定进展,积累了一些有益的经验。这标志着行政检察监督的实践正式开启[1]。1989年,最高检明确检察机关将进一步加强对民事、行政诉讼法律实施的监督工作,继续在民事、行政等方面发挥检察职能,为人民群众全面行使当家作主的权利提供法律保证[2]。1989年4月,《行政诉讼法》通过,行政检察工作有了初步的工作指引。1990年,为了履行好依法对行政诉讼法律监督的职责,最高检统筹部署各级检察院认真学习了《行政诉讼法》,并对承担的工作任务作出了部署和安排[3]。1991年,全国检察机关全面开展了对公民、法人和其他组织不服人民法院生效判决、裁定的民事、经济纠纷、行政案件申诉的审查,并对确有错误的判决、裁定依法提出抗诉,初步开始显示法律监督在保障民事、行政法律正确实施中的有效作用。值得标记的是,这是民事、行政"抗诉"第一次出现在最高检的工作报告中。这一年的报告公布了全国立案审查的民事、经济纠纷和行政案件申诉数量,共530件,但美中不足的是并没有公布具体的抗诉案件数量[4]。1993年,

---

[1] 1989年最高检工作报告(1989年3月29日经第七届全国人大第二次会议审议)

[2] 1990年最高检工作报告(1990年3月29日经第七届全国人大第三次会议审议)

[3] 1991年最高检工作报告(1991年4月3日经第七届全国人大第四次会议审议)

[4] 1992年最高检工作报告(1992年3月28日经第七届全国人大第五次会议审议)

最高检回顾1988年至1992年五年以来的全国检察工作指出，根据《民事诉讼法》《行政诉讼法》的规定，大力开展培训，全国各级检察机关初步开展了民事审判和行政诉讼的法律监督工作[1]。

总体上，这一阶段行政检察实现了机构、立法从无到有的突破，也开启了行政检察实践前进的步伐。1988年最高检民事行政检察厅设立，并在个别基层院进行了试点工作；1991年全面推进监督工作，抗诉第一次出现在最高检工作报告中，这些都是行政检察发展史上的里程碑事件。

二、稳步发展阶段（1993年—2012年）

1993年，全国检察机关将民事、经济和行政判决、裁定监督工作的重点放在了抗诉工作上，突出查办了在民事、行政审判中因审判人员徇私舞弊、索贿受贿而导致错误裁判的民事行政案件。自这一年开始，最高检工作报告中对于行政检察不再采用探索、初步开展等字眼表述。也是从这一年开始，第一次明确公布了抗诉案件数量。全年检察机关对确有错误的民事、经济和行政案件共提出抗诉310件[2]。1994年民事行政检察监督继续以抗诉工作为重点，全国检察机关共对民事、行政判决、裁定共提出抗诉587件，同时还查处了一些审判人员徇私舞弊、索贿受贿案件。这一年工作报告中第一次，也是唯一一次提出"改判建议"的监督举措，共就生效民事、行政判决、裁定向人

---

[1] 1993年最高检工作报告（1993年3月22日经第八届全国人大第一次会议审议）

[2] 1994年最高检工作报告（1994年3月15日经第八届全国人大第二次会议审议）

第四章 我国行政检察实践

民法院提出"改判建议"共计1477件[1]，是抗诉案件的2.52倍。1996年在原有工作基础上，对受理后的民事、行政判决、裁定向法院提出"纠正意见"1783件，"纠正意见"这一提法只在1997年的报告中出现，在之前和之后的报告中都没有再出现过[2]。1998年工作报告总结1993至1997年5年工作，5年间全国就确有错误的民事、行政判决、裁定提出抗诉11925件，提出检察建议8082件，这是"检察建议"首次出现在报告中[3]。

1999年的工作报告中强调要把强化诉讼监督、维护司法公正摆到更加突出的位置，并一改以往将民事行政检察归纳在"加强执法监督"范畴内的做法，在"依法履行诉讼监督职能"标题下对民事行政检察工作进行了总结[4]。1999年全国检察机关在加强抗诉工作的同时，注意发现和查办执法不公背后的司法人员贪赃枉法、徇私舞弊等犯罪案件[5]。2000年，全国检察机关重点对显失公平的裁决进行了监督，注重发挥检察机关在维护国家利益、公共利益和当事人合法权益的职能作用，加强了对严重损害国家利益、公共利益和当事人合法权益的裁判结果，以及司法人员徇私枉法导致不公情况的检察监督[6]。

---

[1] 1995年最高检工作报告（1995年3月13日经第八届全国人大第三次会议审议）

[2] 1997年最高检工作报告（1997年3月11日经第八届全国人大第五次会议审议）

[3] 1998年最高检工作报告（1998年3月10日经第九届全国人大第一次会议审议）

[4] 1999年最高检工作报告（1999年3月10日经第九届全国人大第二次会议审议）

[5] 2000年最高检工作报告（2000年3月10日经第九届全国人大第三次会议审议）

[6] 2001年最高检工作报告（2001年3月10日经第九届全国人大第四次会议审议）

2001年，全国检察机关努力探索加强民事审判和行政诉讼监督的有效途径和方法，推动加强相关立法工作，完善监督程序，以进一步加大监督力度，提高监督实效[1]。2003年工作报告总结1998年至2002年5年工作，突出了对国家利益或社会公共利益的保护，对确有错误的民事、行政生效判决、裁定，依法提出抗诉69392件，提出检察建议15189件[2]，较前5年分别增长481.9%、87.9%。

2003年，全国检察机关继续加强对民事审判和行政诉讼的监督，监督重点聚焦在严重侵害社会公益的案件，因贪赃枉法、徇私舞弊导致裁判不公的案件，侵害农民工、下岗职工利益等领域的案件，报告中第一次出现"再审检察建议"的表述[3]。2004年，在民事审判和行政诉讼监督中，平等保护诉讼主体的合法权益，重点监督严重违反法定程序，贪赃枉法、徇私舞弊导致裁判不公，以及侵害进城务工人员、下岗职工利益等领域的案件[4]。2006年工作报告指出，要全面开展刑事诉讼、民事审判和行政诉讼监督，着力改变民事审判监督相对薄弱的状况，进一步加大抗诉力度。首次在报告正文之后，就工作报告中"法律监督""民事审判监督""行政诉讼监督""再审检察建议"等多个用语进行了说明[5]。2008年工作报告对2003年

---

[1] 2002年最高检工作报告（2002年3月11日经第九届全国人大第五次会议审议）

[2] 2003年最高检工作报告（2003年3月11日经第十届全国人大第一次会议审议）

[3] 2004年最高检工作报告（2004年3月10日经第十届全国人大第二次会议审议）

[4] 2005年最高检工作报告（2005年3月9日经第十届全国人大第三次会议审议）

[5] 2006年最高检工作报告（2006年3月11日经第十届全国人大第四次会议审议）

第四章 我国行政检察实践

至2007年5年来的工作进行了回顾,全国检察机关对认为确有错误的民事、行政裁判提出抗诉63662件、再审检察建议24782件,较前5年相比,抗诉案件数量下降了8.3%,再审检察建议案件数量增长了63.2%。抗诉案件数量首次呈现出了下降走势。一些地方检察院还探索开展了对涉及公益案件的支持起诉、督促起诉工作[1]。

2008年,全国检察机关在积极开展民事审判和行政诉讼法律监督基础上,强化抗诉书说理,提高办案效率和质量,重点解决裁判不公的问题。对造成国有资产严重流失等涉及公共利益的民事案件,通过检察建议探索开展督促起诉工作[2]。2009年,全国检察机关继续推进对民事执行活动的监督和督促起诉、支持起诉等探索工作,行政检察监督的领域进一步拓宽[3]。2010年,全国检察机关制定实施《关于加强和改进民事行政检察工作的决定》,强调依法监督、居中监督等原则,并首次提出坚持抗诉与息诉并重[4]。其实,早自民事行政检察实践开展之初,服判息诉工作就成为民事行政检察的重要组成部分,这既是以人民为中心的检察价值理念的必然要求,也是检察机关助力社会治理的应有之义。2011年,对民事审判活动与行政诉讼的法律监督工作机制得到进一步完善,最高检与最高法共同出台文件,发布《关于在部分地方开展民事执行活动法律监督试

---

[1] 2008年最高检工作报告(2008年3月10日经第十一届全国人大第一次会议审议)。

[2] 2009年最高检工作报告(2009年3月10日经第十一届全国人大第二次会议审议)。

[3] 2010年最高检工作报告(2010年3月11日经第十一届全国人大第三次会议审议)。

[4] 2011年最高检工作报告(2011年3月11日经第十一届全国人大第四次会议审议)。

点工作的通知》，民事执行活动法律监督试点工作正式开启[1]。2013年工作报告总结2008年至2012年5年工作，在以往监督工作的重点基础上，还增加了对虚假诉讼、违法调解的监督。5年来，全国检察机关围绕民事行政检察监督案件，共依法提出抗诉55992件、再审检察建议45823件，较前5年抗诉案件下降12.0%，再审检察建议上升84.9%（详见表二）。民事执行活动法律监督试点工作稳步推进。坚持抗诉与息诉并重，对认为裁判正确的申诉案件，耐心做好申诉人的服判息诉工作[2]。

表二 民事行政检察稳步发展阶段案件数量表（1993-2012）

序号	年份	抗诉	变化趋势	再审检察建议	变化趋势
1	1993-1997	11925	/	8082（检察建议）	/
2	1998-2002	69392	+481.9%	15189.00	+87.9%
3	2003-2007	63662	-8.3%	24782.00	+63.2%
4	2008-2012	55992	-12.0%	45823.00	+84.9%

这一阶段的时间比较长，行政检察的制度及相关规定较稳定，体现了较强的延续性。业务开展方面，全国检察机关始终坚持以抗诉工作为主线、为核心；并以抗诉工作为基础点，不断巩固、延伸拓展。监督范围逐渐由行政诉讼结果拓展到执行监督、调解监督。监督手段不断丰富，拓展出纠正意见、检察建议、再审检察建议、支持起诉、督促起诉等监督举措。案件办理数量整体呈上升趋势，显示行政检察监督已形成一定规模、

---

[1] 2012年最高检工作报告（2012年3月11日经第十一届全国人大第五次会议审议）

[2] 2013年最高检工作报告（2013年3月10日经第十二届全国人大第一次会议审议）

发展到一定阶段。监督的法律依据和规则较以前也有了较大的进步。但是在这一时期，民事和行政检察监督混在一起，没有突出各自的独立性和专业性。自 2007 年开始，抗诉案件数量出现了一定比例的下降，侧面反映出民事行政检察监督的形式更为多样、布局逐渐向科学化发展。

三、新时代行政检察实践（2013 年至今）

2014 年的工作报告，一改过往 20 多年对民事审判进行法律监督的表述，而改为民事诉讼，与行政诉讼保持一致。继续加强和规范对民事行政诉讼的监督，对审判中的违法情形提出检察建议，对民事执行活动中的违法情形提出检察建议，探索通过督促起诉、检察建议等方式，推动相关部门依法履行对环境资源的监管职责[1]。2014 年，诉讼监督职能进一步强化，探索建立检察机关在生态环境领域提起公益诉讼的制度。探索建立对履行职责中发现行政机关违法行使职权或不行使职权行为进行检察监督予以督促纠正的制度。同时，研究完善对涉及公民人身、财产权益的行政强制措施的司法监督制度[2]。2015 年，增强对司法活动监督的针对性和有效性。认真贯彻修改后《民事诉讼法》的新规定，加强生效裁判监督、审判监督和执行活动监督；7 月起在全国 13 个省区市开展公益诉讼试点工作，积极发挥诉前程序的纠错作用，向相关行政机关或组织提出检

---

[1] 2014 年最高检工作报告（2014 年 3 月 10 日经第十二届全国人大第二次会议审议）

[2] 2015 年最高检工作报告（2015 年 3 月 12 日经第十二届全国人大第三次会议审议）

察建议，督促履行职责[1]。2016年，深入推进公益诉讼试点工作。研究建立行政违法行为法律监督制度[2]。2018年工作报告总结2013至2017年工作，5年来，全国检察机关继续强化民事行政诉讼监督，对认为确有错误的民事行政生效裁判、调解书提出抗诉2万余件，提出再审检察建议2.4万件，对审判程序中的违法情形提出检察建议8.3万件，对民事执行活动提出检察建议12.4万件。抗诉案件和再审检察建议案件较前5年分别下降64.2%、47.6%。司法体制改革向纵深推进，公益诉讼制度取得重大进展：2017年全国人大常委会修改《民事诉讼法》和《行政诉讼法》，正式确立检察机关提起公益诉讼制度，2015年至2017年全国检察机关共办理公益诉讼案件9053件。公益诉讼制度经历了顶层设计、法律授权、试点先行、立法保障、全面推开五个阶段，走出了一条具有中国特色的公益司法保护道路[3]。

2018年，应对经济社会发展需要，针对民事、行政申诉持续上升，全国检察机关推进内设机构系统性、重构性改革，分别设立民事（第六厅）、行政检察（第七厅）、公益诉讼（第八厅）机构。这是1988年民事行政检察机构成立以来的最大变革。机构分设当年，行政检察围绕征地拆迁、社会保障等重点领域开展监督工作。对认为确有错误的行政判决、裁定提出抗诉117件，提出再审检察建议90件。督促行政机关依法申请强

---

[1] 2016年最高检工作报告（2016年3月13日经第十二届全国人大第四次会议审议）

[2] 2017年最高检工作报告（2017年3月12日经第十二届全国人大第五次会议审议）

[3] 2018年最高检工作报告（2018年3月9日经第十三届全国人大第一次会议审议）

制执行,监督法院依法审查办理,提出检察建议6528件。公益诉讼树立双赢多赢共赢理念,助力政府依法行政。最高法、最高检共同发布《最高人民法院、最高人民检察院关于检察公益诉讼案件适用法律若干问题的解释》,全年立案办理行政公益诉讼案件108767件。把诉前实现维护公益目的作为最佳状态,向行政机关发出检察建议101254件,97.2%得到采纳,更多问题在诉前得到了解决,更好地推动了行政机关依法履职[1]。2019年,全国检察机关继续做实行政检察,对认为确有错误的行政判决、裁定提出抗诉156件,提出再审检察建议83件。开展专项监督,努力实现案结事了政和,通过促进和解、督促纠正违法、给予司法救助等方式,化解行政争议378件。努力做好公益诉讼检察,办理行政公益诉讼119787件[2]。2020年,全国检察机关深入推进行政争议实质性化解,对认为确有错误的行政裁判提出抗诉182件,再审检察建议198件,对行政审判中违法送达、违反法定审理期限等提出检察建议6067件,对行政执法活动中的违法情形提出检察建议2.5万件。针对一些行政诉讼程序空转,深化专项监督,有效化解行政争议6304件。办理行政公益诉讼13.7万件。向行政机关发出诉前检察建议11.8万件,行政机关回复整改率99.4%[3]。2021年,全国检察机关全面深化行政检察监督,对认为确有错误的行政裁判提出抗诉245件,同比上升34.6%;提出再审检察建议222件。以检察建

---

[1] 2019年最高检工作报告(2019年3月12日经第十三届全国人民代表大会第二次会议审议)

[2] 2020年最高检工作报告(2020年5月25日经第十三届全国人民代表大会第三次会议审议)

[3] 2021年最高检工作报告(2021年3月8日经第十三届全国人民代表大会第四次会议审议)

议监督纠正行政审判和执行活动中的违法情形3.8万件,同比上升20.0%。办理行政公益诉讼14.9万件。以诉前实现维护公益目的为最佳司法状态,梯次以磋商、诉前检察建议促进源头治理,绝大多数案件在诉前解决了公益损害问题。对检察建议不能落实的,提起行政公益诉讼1.1万件,99.8%获裁判支持[1]。

中国特色社会主义进入了新时代,检察制度作为中国特色社会主义法治体系的重要组成部分,也进入了新的时代。2012年10月,国务院新闻办公室发表《中国的司法改革》白皮书,庄严向全中国、全世界宣告司法改革的伟大进程和坚定决心。白皮书明确以保障人民法院、人民检察院依法独立公正行使审判权和检察权,建设公正高效权威的社会主义司法制度为目标,对20世纪80年代、2004年、2008年几轮司法改革做了回顾,并对继续全面深化司法改革进行了展望。2014年中共中央颁布《全面推进依法治国决定》,提出以建设中国特色社会主义法治体系、建设社会主义法治国家为全面推进依法治国总目标,推动形成高效的法治实施体系、严密的法治监督体系等一系列体系,强化对行政权力的制约和监督、建立行政强制措施司法监督制度,建立公益诉讼制度。与之相适应,国家监察体制改革紧锣密鼓地推进,检察机构、检察职能的改革也以前所未有的力度推进。这一时期,公益诉讼制度正式确立,案件办理数量较以往发生了明显的结构性变化,也充分反映了检察工作布局的调整和变革。2018年,检察职能调整尘埃落定,机构改革新的格局已经形成。部门设置上,行政检察部门、公益诉讼部门单独设立,成为"四大检察"的重要组成部分。行政检察努力

---

[1] 2022年最高检工作报告(2022年3月8日经第十三届全国人大第五次会议审议)

不断做实，行政检察部门检察监督和公益诉讼部门行政公益诉讼检察监督共同发力，推动行政检察在新的历史阶段稳步实现更好发展。我国行政检察站在了新的历史起点上。

第二节 我国行政检察现状分析

回首行政检察 35 年历程，从无到有，监督格局越来越开阔、职权内涵越来越丰富，在国家治理体系中的作用越来越重要，各项工作都取得了长足进步，展现出了一派欣欣向荣的良好态势，未来发展面临大好机遇和广阔舞台。但是由于"先天不足"，同其他检察职权相比，还有很大的差距，还存在很多的短板和问题。

一、行政检察发展取得的成绩

（一）监督方式不断丰富

（1）抗诉。民事行政抗诉首次出现在 1992 年的工作报告中，经过 30 余年的发展，已经成为了检察机关民事行政法律监督的主要方式，成为行政检察监督体系的主要构成。1993 年工作报告中首次公布民事行政"抗诉"案件数量为 310 件。1993 年到 2000 年 8 年之间，抗诉案件数量呈井喷式增长，达到 16944 件，增长了 50 多倍。2000 年到 2011 年，这 12 年间，抗诉案件的数量都保持在平均每年一万件，从 2012 年开始逐年下降。2018 年，民行分设之后，案件办理数在报告中分别体现。行政抗诉案件本来在民事行政整体抗诉案件中占的比重就非常有限，基数很小；机构分设后四年内的案件数量仍始终下降。抗诉案件数量的增减，是检察监督促进司法公正效果的体现，是监督方式多元拓展的体现，也是监督格局科学化发展的体现。

（2）检察建议。检察建议是民事行政检察监督方式的重要载体。根据具体内容和在民事行政工作领域中的用途不同，早期工作报告中还使用过"改判建议""纠正意见"等表述；"再审检察建议"的表述最早在2003年工作报告中出现。不同于抗诉，检察建议的监督更具柔性、相对更灵活，因而在民事行政检察实践应用更广泛。随着行政检察业务不断拓展，检察建议因其灵活性，被广泛用到对审判、执行活动等领域的监督工作中。

（3）督促或支持其他主体提起诉讼。2007年工作报告中首次提出，一些地方检察院探索开展了支持起诉、督促起诉工作，当时案件范围仅限于涉及公益的案件。虽然两者在报告中经常会同时出现，但在实际工作中有很大的区别。其中督促起诉的有关主体以担负相应监管职责为前提，2008年工作报告中就明确提出，对造成国有资产严重流失等涉及公共利益的案件，通过检察建议督促有关单位及时提起诉讼；相比之下，尽管通常与督促起诉同时出现，但支持起诉的对象则没有担负职责的限制，往往是诉讼中的弱势一方。两种监督方式是行政检察适应经济社会发展对行政检察监督履职方式作出的发展和调整，也拓展了行政检察的监督覆盖领域，在行政检察监督中发挥了重要的作用。

（4）提起公益诉讼。公益诉讼制度是民事行政检察监督方式的重大创新。基于法律监督机关的宪法定位，20世纪90年代起，一些地方检察机关就围绕国家利益和社会公共利益，探索通过检察机关直接提起诉讼的监督方式。最高检的官方文稿中，改革开放以来检察机关提起的第一起公益诉讼案，是1997年河南省方城县人民检察院起诉该县工商局擅自出让房地产致使国有资产流失案[1]。随后，湖南、浙江、山东等地检察机关也相继成功办理了公益诉讼案件，主要集中在国有财产、环境保护等领域。2014年10月，党的十八届四中全会正式提出探索建立检察机关提起公益诉讼制度，2015年检察机关在部分地区推进提起公益诉讼试点工作，2017年在深化检察机关提起公益诉讼试点工作基础上推动完善相关立法工作，2018年检察机关提起公益诉讼制度改革取得重大进展。在全国检察机关的艰苦探索和努力下，检察公益诉讼全面推进经历五个阶段，在维护国家利益和社会公共利益方面发挥着越来越重要的作用。工作全面开展以来，公益诉讼案件数量，特别是行政公益案件数量呈井喷式增长。2021年，全国检察机关共办理行政公益诉讼案件14.9万件，比2018年上升了37.3%。(详见图三)

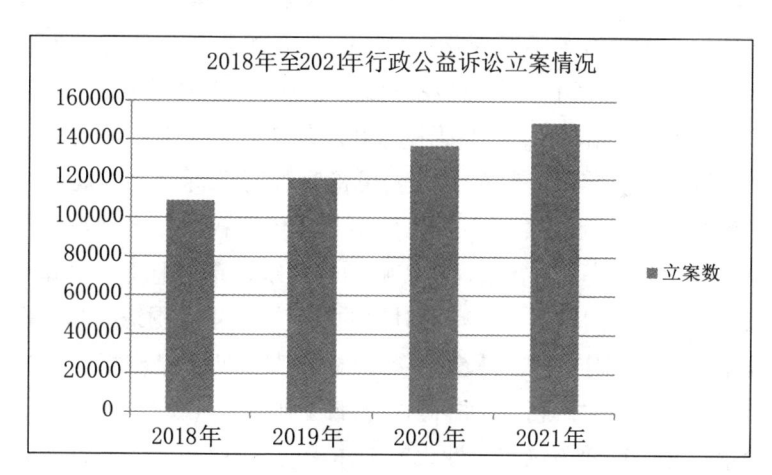

图三 2018年至2021年行政公益诉讼立案情况

---

[1] 张雪樵：《改革在路上 监督进行时——解读三十年来〈最高人民检察院工作报告〉中的民事行政检察》，载最高检官网，https://www.spp.gov.cn/spp/zhuanlan/201812/t20181214_402404.shtml，最后访问日期：2023年11月30日。

（二）监督规范不断完善

针对民事行政检察工作缺乏具体程序和有效监督手段等薄弱问题，我国检察机关不断探索完善程序规范。2001年，最高检制定《人民检察院民事行政抗诉案件办案规则》；2010年，制定实施《关于加强和改进民事行政检察工作的决定》；2011年，与最高法共同出台文件，完善对民事审判活动与行政诉讼的法律监督工作机制，开展民事执行活动法律监督试点工作；2013年最高检制定《人民检察院民事诉讼监督规则（试行）》；2016年制定《人民检察院行政诉讼监督规则（试行）》；2018年，与最高法联合发布《最高人民法院、最高人民检察院关于检察公益诉讼案件适用法律若干问题的解释》，并于2020年修正。"四大检察"法律监督总体布局形成后，做实行政检察工作亟需独立的行政检察监督规则体系作支撑。随着司法责任制改革和综合配套改革不断深化，全国人大常务委员会分别于2018年、2019年修订了《人民检察院组织法》、《检察官法》，对行政诉讼监督工作提出了新要求。2021年7月，最高检对行政监督规则进一步修改，颁布了《人民检察院行政诉讼监督规则》，针对之前存在的检察机关主动性不足、依职权监督案件数量较少、抗诉改变率低、行政检察影响力弱、缺乏跟进监督手段和异议回馈机制等问题作出了有针对性的规定。当前，围绕行政诉讼检察监督，制定《人民检察院行政检察类案监督工作指引（试行）》《人民检察院行政非诉执行监督工作指引（试行）》《人民检察院开展行政争议实质性化解工作指引（试行）》，修订《人民检察院行政诉讼监督规则》，形成了"一规则三指引"的规范格局，为行政诉讼检察监督提供了清晰的指引。（详见图四[1]）

---

[1] 图片载自正义网，http://news.jcrb.com/，最后访问日期：2023年11月30日。

第四章 我国行政检察实践

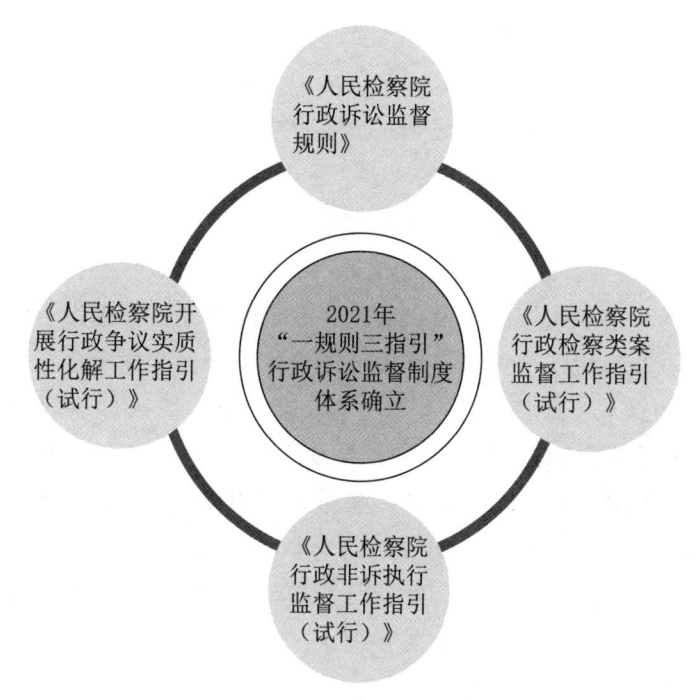

图四 "一规则三指引"示意图

（图示内容：
- 中心：2021年"一规则三指引"行政诉讼监督制度体系确立
- 上：《人民检察院行政诉讼监督规则》
- 左：《人民检察院开展行政争议实质性化解工作指引（试行）》
- 右：《人民检察院行政检察类案监督工作指引（试行）》
- 下：《人民检察院行政非诉执行监督工作指引（试行）》）

（三）始终坚持以人民为中心，践行司法为民理念

行政诉讼程序空转、行政争议化解难，是人民群众的急难愁盼问题。为了解决群众的急难愁盼，行政检察紧紧围绕与人民群众合法权益、切身利益息息相关的领域，积极履行法律监督职责；持续推进行政争议实质性化解，加大对民生领域争议的化解力度，将常态化开展行政争议实质化解作为"我为群众办实事"实践活动的重要内容，集中解决大批人民群众的操心事、烦心事、揪心事；践行以人民为中心的司法理念，在履行法律监督职责时，加强调查核实，厘清行政争议产生的基础事实和申请人的实质诉请，综合运用抗诉、检察建议、公开听证、

司法救助、释法说理等多种方式，依法、公平、有效化解行政争议，防止程序空转，促进案结事了。最高检充分发挥案例的规范指引作用，2021 年以"行政争议实质化解"为主题印发了 6 件指导性案例，围绕工伤认定、群众住房利益、服务保障民营企业、保障农民工工资支付为主题发布系列 4 批典型案例，共计 21 件，为行政争议实质性化解、维护民众合法权益提供了重要参考借鉴。为加强政策供给，在制定内部案件办理指引的基础上，最高检还积极与各有关部门协作配合，共同出台指导意见。2021 年，最高检会同最高法、公安部、民政部联合印发《关于妥善处理以冒名顶替或者弄虚作假的方式办理婚姻登记问题的指导意见》，为"骗婚""被结婚"引发的矛盾纠纷明确了解决方式。为了更好贯彻以人民为中心的司法理念，塑造"能动型"行政检察、"开放型"行政检察、"响应型"行政检察，紧密联系群众，主动了解人民需求，切实体现人民利益、反映人民愿望、维护人民权益。

二、行政检察发展存在的主要问题

(一) 整体还比较薄弱

按现有检察格局划分，行政检察整体发展水平还比较弱，是"四大检察"中的最弱项。过去多年，检察业务发展长期是重刑轻民，民行内部则是重民事轻行政。经过 30 余年的发展，尽管行政检察的监督领域和范围不断拓展、监督方式和手段不断丰富、法律依据逐渐充分，但相比刑事检察、民事检察等其他检察业务，仍处于短、弱、小、冷的阶段。（详见表三，该表中引用的数据体现了民行案件在检察机关办案总量中占比极低的客观情况，而其中行政检察监督的案件更是微乎其微。）最高检工作报告中对民事行政检察工作存在的问题，历年使用的评价是"依然薄弱""仍然薄弱""相对薄弱""仍然比较薄弱""与人民群众的要求仍有差距"等。民事行政检察分设之后，行政检察同其他检察之间发展差距大、发展不协调不平衡的弱势更加凸显。梳理历年工作报告中的工作评价或未来发展目标，其他检察工作已经向"优不优""好不好""强不强"的目标努力，而行政检察还在解决"有没有""实不实"的问题[1]。（详见表四）

表三　1988年以来最高检"五年"工作报告中民事行政案件占比

序号	审议年份	民事行政抗诉案件	约占检察院全部案件[2]比例
1	1988	尚未开展	0%
2	1993	530	0.02%
3	1998	11925	0.46%
4	2003	69392	1.76%
5	2008	63662	1.26%
6	2013	55992	1.74%
7	2018	2万余件	0.28%

表四　最高检历年工作报告对民行检察问题查摆

序号	审议年份	查摆问题
1	1999	诉讼监督特别是民事审判和行政诉讼监督工作亟待加强

---

〔1〕 张相军：《关于做好新时代行政检察工作的思考》，载《中国检察官》2019年第7期。

〔2〕 统计口径包括刑事检察（只取批捕或者起诉中一个较大数），自侦案件，民行检察案件。

表四 最高检历年工作报告对民行检察问题查摆　　　　续表

序号	审议年份	查摆问题
2	2000	对民事审判、行政诉讼的法律监督缺少具体的法律程序规定，操作困难，加之有的检察院领导存在畏难情绪，依法监督的勇气不足，致使监督工作没有到位
3	2001	由于程序不具体和我们主观努力不够，对民事审判、行政诉讼的监督不到位
4	2002	特别是民事审判和行政诉讼监督，缺乏有效的监督办法和手段，仍然是法律监督工作的薄弱环节
5	2003	尤其是民事审判和行政诉讼监督缺乏具体的程序和有效的手段，人民群众对监督效果还不满意
6	2004	对民事审判和行政诉讼的监督依然薄弱
7	2008	对诉讼活动特别是民事审判和行政诉讼的法律监督仍然相对薄弱，一些执法、司法不公问题没有得到监督纠正
8	2009	对民事审判、行政诉讼的法律监督仍比较薄弱
9	2010	对民事审判、行政诉讼的法律监督与人民群众的要求仍有差距
10	2014	修改后的《刑事诉讼法》《民事诉讼法》实施后，一些检察机关和检察人员执法理念、办案方式仍不适应
11	2017	一些地方民事、行政、刑事执行检察工作薄弱
12	2018	检察工作发展不平衡，法律监督职能发挥还不充分，一些地方民事行政、刑事执行检察工作仍比较薄弱
13	2019	各项检察工作发展不平衡，民事检察、行政检察在基层尤为薄弱
14	2020	检察业务薄弱环节尚未有效补强，行政检察、民事检察仍是明显短板。

表四 最高检历年工作报告对民行检察问题查摆　　续表

序号	审议年份	查摆问题
15	2021	法律监督职责履行不够到位，不敢、不善、不规范监督时有发生，相关制度机制不够完善，基层民事、行政检察仍较薄弱
16	2022	"四大检察"发展不协调，法律监督仍有缺位、不足

（二）长期与民事检察合署办公，专业化显现不充分

从报告中可以看出，自从检察机关恢复建院以来，行政检察职能自出现就始终与民事检察捆绑在一起，同设在一个机构下，工作报告中的资料也统计在一起。直到2018年，情况才得到根本改变。此外，由于我国行政诉讼制度脱胎于民事诉讼制度，不少行政诉讼程序可以适用《民事诉讼法》的规定，行政检察长期与民事检察工作参照相同的工作规范，规律和特点没有得到应有的重视。2001年最高检颁布《人民检察院民事行政抗诉案件办案规则》，民事行政检察部门都以此规则作为案件办理的根本参照。2013年民事、行政检察的监督规则开始相对独立，同年最高检通过《人民检察院民事诉讼监督规则（试行）》，民事检察自此有了单独的规则指引。但相应的《人民检察院行政诉讼监督规则（试行）》直到2016年才发布，只有37条，没有对一些具体程序问题作出规定；并且在第36条规定，可以"适用《人民检察院民事诉讼监督规则（试行）》的相关规定"。实际上，行政诉讼自身具有的特殊任务和鲜明特点，在立法宗旨、诉讼当事人、举证责任和审判方式等诸多方面与民事诉讼有很大差别。这种捆绑的状况近两年略有缓解，但还处在刚刚起步阶段。在《行政诉讼法》《人民检察院行政诉

讼监督规则》中，行政检察仍有很多方面还在适用民事领域的规定。

（三）业务格局还有待开拓

当前，行政检察中最成熟的业务是对行政诉讼的监督，即通过监督法院审判权，产生对行政权的监督效果。这是行政检察延续了多年的一项传统工作，法律依据最充足、程序规则最完善，相应的案件办理也最熟练。但是目前行政检察抗诉案件数量并不多，近几年甚至呈下降趋势，仅在2021年出现回升。行政抗诉案件多年呈现"两小""四低"状况。"两小"是指办理规模小，案件影响小。一方面行政诉讼案件数量明显少于民事诉讼和刑事诉讼，这是一个客观事实。因此，行政诉讼监督的总体体量少于其他两大诉讼。另一方面，绝大多数的行政案件当事人没有向检察机关提出申诉。整体上，检察机关受理的申请对裁判结果进行监督的案件数，占当年全国各级法院审结行政诉讼案件数的5%左右，一定程度上反映出行政检察社会知晓率低、案件监督的影响力弱。"四低"是指提抗率低、支持率低、抗诉率低、改抗率低。以2021年的数据为例，2021年，全国检察机关提出行政抗诉仅245件，法院改判87件，改判率为35.5%；提出再审检察建议222件，法院采纳122件，采纳率为55%，这些数据虽然并不十分精彩，但已经是近4年最高。这鞭策我们要不断提升案件监督质量、扩大案件监督规模。同时也警示我们，不能把行政检察监督的重心全部放在抗诉上，必须以行政诉讼监督为中心，不断画大行政检察监督的同心圆，否则行政检察的路只会越走越窄。（详见表五）

表五　2018年—2021年度抗诉、再审检察建议案件办理情况

年度	抗诉	再审改变	改判率	再审检察建议	裁定再审	采纳率
2018	117	19	16.20%	90	23	25.60%
2019	156	45	44.60%	83	39	47%
2020	182	72	55%	198	76	38.38%
2021	245	87	35.5%	222	122	55%

行政公益诉讼作为新开展的业务，是基于对国家利益和社会公共利益的保护，对具有监管职责的行政机关作出的行政违法行为进行的监督，法律规定相对健全。自从检察机关被诉讼法明确授权后，这两年在检察监督中异军突起，案件数量多且始终保持上升态势，但总量同刑事诉讼、民事诉讼的占比还有很大差距。对于行政违法行为的监督，尽管公益诉讼制度有了中央的"尚方宝剑"，对行政检察而言已经是最好的发展领域和方向；但因为缺乏相关的规范和具体程序规定，工作处于刚刚起步阶段，还有很多需要发展完善。

（四）对行政检察授权的法律规定还不健全

尽管中央在《全面推进依法治国决定》中明确了检察机关可以对行政违法行为进行监督[1]，但是在相应的法律中，并没有对检察机关行使的相应职权作出授权规定。《人民检察院组织法》中，并没有对检察机关行使相应职权予以规定和体现；《人民检察院行政诉讼监督规则》主要针对的是审判人员存在违法行为或者执行活动存在违法情形等诉讼监督中的违法情形，也

---

[1]《全面推进依法治国决定》："完善对涉及公民人身、财产权益的行政强制措施实行司法监督制度。检察机关在履行职责中发现行政机关违法行使职权或者不行使职权的行为，应该督促其纠正。"

没有对中央《全面推进依法治国决定》中提出的行政违法监督作出具体规定。现有法律中明确规定检察机关享有对行政违法行为进行监督职权的，仅限于监管机关监管活动、公安机关办理治安案件以及行政执法机关移送涉嫌犯罪案件等工作，范围极小。

(五) 对行政检察规律的认识和把握还不充分

实务操作方面，行政机关行政执法行为涉及到人民群众生活、经济生产、社会发展的各个领域各个环节。在法律授权不足的情况下，行政违法行为检察监督权范畴模糊不清，导致检察机关在工作实践中履职权威性不强，检察监督权的行使较为随意。各地开展的行政违法行为检察监督工作范畴也各不相同，有的地方由检察机关与其他国家机关联合出台规范性文件，有的地方由检察机关自行规定，随意性较大，存在合法性危机。实际监督中，对行政违法行为监督的范围又受地方检察机关的工作力量、业务水平等因素影响，呈现各地不均衡的状态，严重影响了行政检察监督功能的有效发挥。

理论的清醒是实践的有力推动，但即便是理论界，对于行政检察的内涵和概念、监督范畴和体系，也仍还在争论之中，抽象行政行为是否应纳入行政监督的范围、是监督行政行为的合法性还是一同监督行政行为合理性等问题都还没有形成共识。有学者认为行政检察监督不能局限于原来的藩篱、范围要有所突破，一般违法行为、抽象行政行为、未被类型化的准行政行为及行政事实行为都应该纳入到检察监督的视野中[1]。但也有学者指出，由于检察权的特殊性质以及资源的有限性，检察机

---

[1] 韩成军:《依法治国视野下行政权的检察监督》，中国检察出版社2015年版，第64页。

关对行政违法行为的监督应该谨守一定的界限,不应该贸然扩张[1]。无论理论界还是实务界,要对行政检察形成较为系统、深刻、一致的认识,准确把握其中的内在规律,都还有很长的一段路要走。

(六) 案件办理结构上,"倒三角"现象依然突出

受我国《行政诉讼法》抗诉审级的规定,上一级的检察机关只有对生效行政裁判才享有案件的抗诉权,这导致抗诉案件高度集中在最高检和各省级人民检察院,各市级检察机关抗诉案件很少,区县一级检察机关则根本没有抗诉的职权,只能办理提请抗诉的案件。这种"倒三角"状况一方面造成了上级检察院的办案压力,常年处于案多人少的紧张状况;另一方面也造成了基层检察院的职权虚设。如果不在执行监督、行政违法行为监督等方面开展业务,则无法发挥基层检察机关行政检察监督的职能。同时,由于各地情况的不同,还有很多基层人民检察院行政检察部门没有单设,依旧和其他检察部门合署办公,一个部门对应上级院很多个部门,且没有专门从事行政检察监督工作的人员力量[2]。

---

[1] 刘畅、肖泽晟:《行政违法行为检察监督的边界》,载《行政法学研究》2017第1期。

[2] 吴世东:《新发展阶段做实行政检察工作的方法和路径》,载《人民检察》2021年第19期。

第五章
新时代行政检察的基本理念和原则

第一节　新时代行政检察坚持的基本理念

一、坚持服务国家治理理念

检察权作为国家治理权力体系中的一部分,既承担着法律监督的责任,同时也承担国家治理中的政治责任和社会责任,在国家治理中发挥维护法制统一、维护社会秩序的服务和保障功能。行政检察的工作谋划部署及实践开展要立足全局、着眼于国之大者,严禁杜绝部门本位、地方本位。行政检察监督要从提升治理效能的层面,注重通过行政检察监督权的行使,规范行政管理权依法运行,化解行政违法行为造成的社会矛盾,积极修复行政违法行为对社会秩序造成的损害,维护有序的社会法治秩序。检察机关要同被监督者建立良性关系,以社会治理为共同责任,合力破解社会治理难题,提升行政机关依法行政的能力,共同助力维护国家治理体系。要更好发挥检察职能服务国家治理的功能,必须坚持行政检察案件办理的政治效果、社会效果和法律效果相统一,以让群众在每一起案件中感知到公平正义、提升政府依法行政能力作为质量标准。处理好个案监督和类案效果的辩证关系,通过个案办理推动类案问题解决,从而扩大延伸社会治理实效。

第五章　新时代行政检察的基本理念和原则

行政检察工作要自觉融入并积极服务国家发展的"五位一体"总体布局和"四个全面"战略布局，紧密围绕"六保""六稳"，积极发挥行政检察监督职能，重点围绕国家治理和社会经济发展中的社会保障、自然资源保护、安全生产、知识产权、社会治安综合治理、违章建筑拆除等重点、热点、难点问题加大行政检察监督力度，助力化解重大社会风险，参与社会治理共建共治共享，推动法治政府建设，为构建新发展格局、实现高质量发展提供良好法治环境。

二、坚持精准监督理念

行政行为是广泛的，但检察监督的职能是有限的，检察机关的人员和资源也是有限的。将"所有的"行政违法行为都纳入到行政检察监督的范围只是一种理想状态，不符合行政检察补强监督的定位，也不符合行政检察监督的实际。目前行政检察力量及案件办理规模不大、影响不大的客观现实，也决定了行政检察选择精准监督、实现精准监督的必要性与紧迫性。同时行政诉讼"空转"的制度弊端也为行政检察精准监督提供了制度发展空间[1]。有学者指出，裁量性的行政行为不宜成为行政检察监督的对象，相应的，羁束性行政行为则可以成为检察监督的对象；对抽象行政行为检察机关进行行政检察监督的难度较大，而对具体行政行为进行行政检察监督则相对容易[2]。立足补强的监督定位，行政检察必须在整个监督体系中，对照其他监督活动的运行，找准自己的定位。行政检察不是全面监督，

---

[1] 张昊天：《践行理念变革引领行政检察创新发展》，载《中国检察官》2020年第1期。

[2] 张步洪：《行政检察制度论》，中国检察出版社2013年版，第173~174页。

并不具有监察监督"全覆盖"的使命和目标，没必要也不可能做到兼顾各方、面面俱到。《全面推进依法治国决定》和《中共中央关于加强新时代检察机关法律监督工作的意见》针对加强完善涉及公民人身、财产权益的行政强制措施的司法监督制度作出的部署要求，就是当前行政检察监督方向标和发力点；其中提出的问题充分显示了当前整个监督系统在这方面监督力量不足、效果还不够充分的现状。这也是发挥行政检察监督补强作用的关键所在，检察机关要以此为突破、有所作为，提高监督的针对性，重点聚焦当前监督体系中的薄弱环节，实现行政监督的精准与高效。此外，各地检察机关还可以结合自身工作实际，审慎选择行政违法行为监督的重点领域，开展对"严重损害国家利益或社会公共利益"、与群众利益密切相关的行政违法行为等方面的行政检察监督。注重与各种监督方式良好对接，合力推动行政机关依法行政，使法治政府建设方面取得更好效果。

　　精准监督不是选择性监督，不是在案件上作取舍。所有符合监督标准的案件、按照法律规定应该监督的案件，只要当事人申诉或者依职权发现，都应该做好监督工作。但在具体案件办理中，既要考虑法律因素，也要考虑社会效果等因素，要把握好法定标准与必要标准的有机结合。这就要求我们一方面要聚焦重点、集中发力，在关键领域有所突破、有所作为；另一方面要提升案件质量，努力办理精品案件、典型案件，提升案件的引领效果。要有深邃、敏锐的眼光，穿透个案办类案，提升监督质效和影响。因此，做好行政检察，不能以案件数量作为单一的评判标准，而应该更加看重监督工作的质量。虽然在一定程度上办案数量可以说明检察机关的工作量，但不能客观反映检察机关的行政检察监督产生的实际效果。一次精准而又高质量的监督会对被监督者产生强大的威慑力,得到办理一件案,治理一大片的警示预防效果[1]。为提升行政检察的精准度与威慑效力,可以在行使行政检察监督权之前进行事先评估,确定有关监督是否需要行政检察的介入、是否需要通过行政检察监督才能解决。同时,注意选择恰当的监督手段,根据违法行为的主观恶性程度、案件性质、影响大小等因素,综合考虑非正式的提醒、正式的检察建议、通报上级部门、依法提起行政公益诉讼等不同手段,延展监督的广度和深度,强化行政检察效果。通过深入剖析行政违法行为背后存在的制度性、普遍性根源,找出漏洞和不足,从根本上解决问题。

三、坚持"穿透式"监督理念

"穿透式"监督,原本是互联网金融风险治理领域的特定概念[2]。应用到检察监督领域,与行政检察监督相结合,是着眼于行政检察"一手托两家"的监督效果、考虑到以行政诉讼为核心职能的立足点,以期更好发挥行政检察在创新社会治理中的法治保障作用[3]。这是检察工作的一种理念创新和工作方法创新。对于"穿透",学者们有不同的解读和认识。有观点认为,可以从四个层次来认识和理解行政检察监督的"穿透"。其

---

[1] 张军:《全面贯彻习近平总书记重要讲话精神 推动各项法律监督工作全面协调充分发展》,载最高检官网,https://www.spp.gov.cn/spp/tt/201901/t20190117_405625.shtml,最后访问日期:2023年11月30日。

[2] 秦前红、李世豪:《以"穿透式"监督促行政检察功能更好实现》,载《检察日报》2022年2月11日,第3版。

[3] 张相军、何艳敏、梁新意:《论"穿透式"行政检察监督》,载《人民检察》2021年第10期。

中，行政诉讼监督是基础层，即行政检察对审判权的监督是"穿透"的起始处。第二层则是从对审判权、执行权的监督，"穿透"到对行政机关的监督，即对行政行为的监督。第三层，从监督深入到对行政争议的化解，即从监督"穿透"到通过监督化解社会矛盾。最后一层的"穿透"，是"穿透"个案看类案，通过"穿透"对行政行为的纠偏看行政机关履职中存在的问题，进而针对完善社会治理提出建议和举措[1]（详见图四）。也有观点认为，"穿透式"行政检察理念要从三个维度理解。第一个维度是由对审判活动的监督到对行政机关行政行为的监督的"穿透"。在这个维度之中，实施"一案三查"的办案机制[2]。第二个维度是从个案监督到类案监督的"穿透"。通过个案发现类案、通过类案总结提炼，并以类案为抓手，实现行政检察对社会治理更深入的参与。第三个维度是从类案到社会治理的"穿透"。通过案件办理进行诉源治理，从源头上根本解决危害社会法治秩序、阻碍社会治理的问题[3]。

---

[1] 张相军、何艳敏、梁新意：《论"穿透式"行政检察监督》，载《人民检察》2021年第10期。

[2] "一案三查"，是指检察机关同时审查司法机关司法行为是否合法，行政机关行政行为是否合法，行政争议实质性化解有无可能。

[3] 秦前红、李世豪：《以"穿透式"监督促进行政检察功能更好实现》，载《检察日报》2022年2月11日，第3版。

第五章　新时代行政检察的基本理念和原则

```
        行政诉讼监督
            ↓
        促进依法行政
            ↓
        化解行政争议
            ↓
        参与社会治理
```

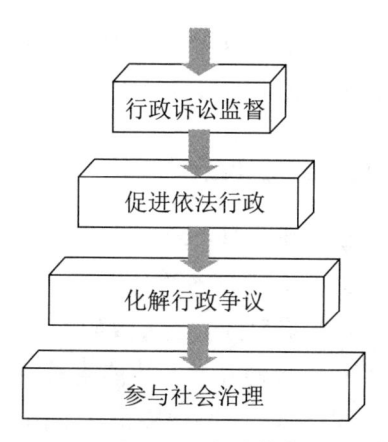

图四　四层"穿透式"行政检察示意图[1]

这些观点之间并没有冲突，只是认识的角度不同。对于以行政诉讼监督为入口，逐层深入、逐级推进的行政检察工作方式，对行政审判监督、行政行为监督、实质性化解争议、推动社会治理的工作内容以及功能的认识都是一致的。要坚持和实现"穿透"，必须要改变长期以来书面调查的监督方式，充分使用调查核实权，对行政行为开展深入的调查；要充分发挥行政检察监督的能动性，实现行政监督从末端治理向前端治理的转变；要以对行政诉讼和行政行为的合法性审查为着力点，抓住每一层"穿透"的发力点，层层发力、逐层递进，实现行政检察"一手托两家"的最优效果，为推进国家治理体系和治理能力现代化建设贡献力量[2]。最初，"穿透式"理念以行政诉讼检察监督为载体，提倡在行政诉讼检察监督工作中贯穿；随着

---

[1] 秦前红、李世豪：《以"穿透式"监督促进行政检察功能更好实现》，载《检察日报》2022年2月11日，第3版。

[2] 张相军、何艳敏、梁新意：《论"穿透式"行政检察监督》，载《人民检察》2021年第10期。

行政检察监督实践的发展,这种工作理念不应局限于行政诉讼监督,同样也应拓展到行政违法行为监督工作中。

四、坚持"双赢多赢共赢"理念

在维护法律权威、维护社会公正、维护国家利益和社会公共利益、维护人民群众合法权益的目标上,检察机关与司法机关、行政机关的责任和努力方向是一致的。只有相互支持配合、注重监督与支持并重,良性互动,才能更有效地通过行政检察监督权推动实现共同目标。要从保障依法治国、维护法治社会、推动法治政府建设的角度审视行政检察监督司法公正、促进依法行政、化解行政争议的行政检察职能,实现各个维度目标"双赢多赢共赢"的效果。行政检察在履行对行政违法行为的监督职责时,首先要尊重行政执法部门的自由裁量权、维护行政执法的权威,通过履行行政监督职能,督促和帮助行政执法部门依法履行行政管理职责,解决社会治理难题。要注意摒弃对抗式的监督理念,跳出"监督"看治理[1],注重与行政执法部门的沟通、听取意见,将共同商讨等方式融进督促行政执法部门履职的过程中,获取行政执法部门的理解、支持和配合,帮助其提升依法行政的水平,发挥行政检察在促进社会治理体系现代化建设中的作用。同时,行政检察在监督过程中,要秉持恢复性司法理念,注重对社会公共利益和人民群众合法权益的维护和保障,推动行政执法部门积极修复被行政违法行为破坏的社会关系,尽量恢复各方利益,平衡公益维护和私权保护,

---

[1] 张昊天:《践行理念变革引领行政检察创新发展》,载《中国检察官》2020年第1期。

保障社会大局和谐稳定，提升人民群众的认同度和信赖度[1]。

第二节 新时代行政检察应遵循的基本原则

法律的原则就是基础性真理或原理，或者是予以论证、解释，并作为进一步推理的普遍性规范[2]；是整个法律活动的指导思想和出发点，决定法的统一性和稳定性[3]。行政检察的原则是对行政检察内在本质与根本价值的反映，贯穿于行政检察全过程，发挥着指引行政检察实践、为行政检察提供根本遵循的作用。

一、坚持制衡法定原则

这条原则是行政检察的运作原理。行政执法权、审判权和法律监督权是与行政检察关系最密切的三项公权力，行政检察在审判权与行政权之间充当着重要的桥梁作用，通过行政检察监督职能搭建起三种权力机关之间平衡关系的纽带。对行政权的监督，并非由于检察权的优越，而是源自法律的授权。在我国人民代表大会制度的政体架构下，法律监督权是权力机关授予检察机关的监督特定对象的特定权力。所有的授权都需要有法律的明确规定，都需要遵循政体权力架构中的制衡原则。这几项公权力是平等的，没有谁能凌驾于其他权力之上。行政检

---

[1] 杨春雷：《深入贯彻党中央全面深化行政检察监督新要求 探索推进行政违法行为监督》，载《人民检察》2021年第C1期。

[2] [英]戴维·M.沃克：《牛津法律大辞典》，李双元等译，法律出版社2003年版，第673页。

[3] 张文显：《法哲学范畴研究》，中国政法大学出版社2001年版，第55页。

察对于行政机关的监督并非是单纯、机械地为了监督而监督，并不是要束缚行政管理权的手脚，让其完全受制于、服从于检察机关的法律监督；而是要通过法律监督，促进行政权更好行使，通过这种有限、平衡的监督形成对行政权有效的制衡机制，从而维护和保障行政法律法规得以准确、公正地统一实施。只有这样，被监督者才能重视监督者的意见，达到以监督促进行政执法机关及行政人员依法行政的效果，推动行政法治或政府法治得以更好地实现[1]。遵循制衡法定原则，还在于检察机关的监督权能是有限的，不具有"一般监督"的全面性，因此必须遵循严格的法律依据。

二、坚持公益原则

这条原则是从深层次的内在功能价值角度，对行政检察原则的提炼。检察官源自"国家的诉讼代理人"，是国家和社会公共利益的"受托者"[2]；而公益原则是被世界各国检察机关所普遍遵循的原则，经过多年的论证和实践，在我国也达成了共识并积极实践。早在新中国成立之初，我国法律就曾对公益原则作出了规定。长期以来检察机关通过行使检察权，在维护国家利益和社会公共利益方面发挥着积极而又独特的作用[3]。早年就有学者提出，我国所有的国家机关中，检察机关是最合适代表公共利益的诉讼主体。多年来，学者们围绕检察机关开展公益诉讼进行了大量的论证，并逐渐形成了共识。2017年，我

---

[1] 张智辉：《法律监督三辨析》，载《中国法学》2003年第5期。

[2] 孙谦：《新时代检察机关法律监督的理念、原则与职能——写在新修订的人民检察院组织法颁布之际》，载《人民检察》2018年第21期。

[3] 杨立新：《新中国民事行政检察发展前瞻》，载《河南省政法管理干部学院学报》1999年第2期。

国《民事诉讼法》《行政诉讼法》都进行了修改,正式通过立法的形式确立了检察机关提起公益诉讼的制度。2018年,最高法、最高检联合出台《最高人民法院、最高人民检察院关于检察公益诉讼案件适用法律若干问题的解释》,并在2020年进行了修正。这些都为检察机关维护公益提供了更具体的指引。着眼于公益原则的时代要求,行政检察要始终秉持为公共利益的精神与理念,针对涉及国有资产、自然资源、公共环境等方面的行政违法行为,拓宽行政检察领域,灵活使用行政检察方式,通过行政公益诉讼等多种监督方式,更有效更积极地发挥检察权在维护国家利益和社会公共利益中的作用。

三、坚持合法性原则

这一原则指向的是行政检察的依据和标准。法律监督是行政检察监督的根本属性,行政检察对行政权的监督,是以法律的适用、法律的执行为基准,对行政执法等行政行为进行审视和监督。行政机关在作出行政行为时,有一套自己的判断依据和标准,这套标准也是行政检察在审视行政行为合法与否时应重点参考的标准。检察机关在行政检察监督过程中,不能以自己的判断代替行政机关做决定,而应当依职权用法律监督的标准对行政机关的判断进行衡量。行政检察最根本的依据是法律,衡量的标尺也是法律。这要求行政检察要科学准确地理解法律,不能僵化地简单套用;要客观地站在法律的立场上公正、中立地审视;要尊重行政的标准和规范,不能为了监督而找茬。"法无授权不得为",作为公权力,检察机关的各项法律监督权都来自授权,必须严守边界,在权力的边界内行使监督职权;监督职能的探索延伸,需要谨遵合法性原则。监督体系内,虽然已有明确的履职机关，但检察机关同时拥有辅助履职义务，可在谦抑原则下适度延伸检察监督职能；如果出现了监督的空白，在法律精神允许范围内，检察机关也可以采取适当的措施履行监督职责[1]。合法性原则也是行政检察监督与监察监督一个显著的差异所在。行政检察对行政行为审查的标准即是否合法，而监察监督对公职人员审查的标准则较为多元，包括廉洁、操守、是否触犯刑法等。

四、坚持程序公正原则

这既是对行政检察的要求，也是对行政行为的要求。看上去这是一个最低限度的公正标准，但事实上，程序公正本身就是公正的重要方面，是实体公正的有力保障，失去了程序公正的实体公正毫无意义。只有行政检察程序公正，才能使实体公正为人民所认可，增强行政检察的公信力和权威性。这要求检察机关提高行政检察的透明度公开度，加强咨询公开，接受其他机关和民众的监督；加强对行政检察程序性规则的制定和完善，协调好行政检察相关规范中程序规则之间的衔接。如果在开展行政检察监督时，将监督的程序、机制与规则予以明确，并根据实践发展予以强化、细化，就能够使监督者与被监督者彼此的权力、义务和法律责任更加清晰，有助于把各种与监督程序无关又影响监督效果的因素排除在外，降低监督程序中的社会关系复杂度，从而更好地实现监督效果[2]。这要求检察机

---

[1] 宫鸣：《检察机关服务和保障国家治理效能探究》，载《人民检察》2021年第5期。

[2] 孙笑侠、冯建鹏：《监督，能否与法治兼容——从法治立场来反思监督制度》，载《中国法学》2005年第4期。

关要恪守客观中立的监督品格,增加各方在监督程序中的参与度,为受损害者和被监督者提供辩解、交流的机会和平台;同时,要增强行政检察咨询的公开性。这些都有利于增强行政检察监督的公信力,获得被监督者和社会公众的理解和信服。行政检察监督工作机制和规则都得到补充和完善,各项监督工作就都能做到有据可循。

五、坚持比例原则

比例原则是行政法中的一项重要原则,初衷在于追求行政目的与手段之间最佳的平衡,使其具有客观的对称性;追求以最低程度的侵害达到国家机关的法定目的,以防止过度的行政举措[1]。这一原则贯穿于行政立法和司法中,也是行政检察监督应当遵循的重要原则。在行政检察监督中,采取的监督举措应当符合检察目的,且是实现监督目的的正确必要手段[2]。按照比例原则的要求,行政检察必须要遵循谦抑性,在所有行政内部监督或救济手段都穷尽之后,行政检察监督才考虑介入;如果行政行为还涉及到审判监督的救济途径,也应经过审判监督之后,行政检察再介入。行政检察作为维护公益和公民、组织合法权益的"最后一道防线",以最低限度的监督,发挥最大程度的效果[3]。只有行政检察充分尊重行政自治,才能保证行政管理的效率,更合理利用司法资源,实现行政法制监督体系

---

[1] [德]哈特穆特·毛雷尔:《行政法学总论》,高家伟译,法律出版社2000年版,第106~107页。

[2] 傅国云:《行政检察监督能否适用比例原则》,载《检察日报》2014年5月26日,第3版。

[3] 姜明安:《论新时代中国特色行政检察》,载《国家检察官学院学报》2020年第4期。

监督效果的最大化。

六、坚持谦抑原则

这是行政检察运行中要坚持的原则。同行政审判监督和行政内部的行政复议监督相比，行政检察具有一定的主动性，这既构成了行政检察监督与其他监督相比独有的制度优势，但也对行政检察提出了谦抑的原则要求。首先，在国家权力分工框架下，行政检察行使的法律监督权与行政权、司法权是平行并列关系，法律监督并不意味着凌驾，更不意味着可以代位行权。要遵循行政处理优先的原则，对于行政违法行为，如果行政机关能够自行纠正，或者已经开展自我纠正的，行政检察监督没必要介入，也不应该介入；如果行政机关内部难以通过自我纠错予以改正，检察机关首先应该采取督促行政机关履职的监督方式，如行政机关消极不作为，也应严格限于依照法律规定，选择恰当的监督手段提出纠正意见，而不能直接代替行政权作出更改，而造成对行政权的不当干预。同样，检察机关也不能代替行政相对人处分自身权益。如果行政相对人已自行行使救济权，行政检察依照法律、因案情判断是否有介入必要；而如果行政相对人已经丧失了救济权，检察机关则应依照职权对行政违法行为进行监督；如果当事人放弃救济权，则应分情况判断行政检察是否应当介入[1]。其次，鉴于行政检察在整个行政法制监督体系中的补强地位，为避免与其他监督权力交织叠加，

---

[1] 江国华、王磊：《行政违法行为的检察监督》，载《财经法学》2022年第2期。

浪费监督资源，行政检察也应秉持谦抑原则[1]。行政检察要尊重其他机关的监督职能，找准适合自己的定位，不重复介入其他监督机关已经监督的范畴，发挥好在监督体系中的独特作用。

第三节 把握好行政检察监督的定位和关系

一、要把握好行政检察监督与其他监督的关系

对于行政违法行为的监督，现有监督体系包含了人大监督、审判监督、检察监督、行政监督、监察监督等多方面的监督，还包括舆论监督等诸多力量。只有尊重各种监督的独特地位、充分发挥各种监督的作用、加强各监督之间的联系对接，才能将宪法规定的各项监督权力落到实处，从而最大限度地整合整个监督体系的整体监督合力，最大限度地预防和控制行政权的滥用，共同推动法治政府、依法行政。要尊重人大监督的权威性，接受人大领导，对人大负责。针对人大及其常委会对行政机关履职的监督多是宏观的监督、对重大事项的监督是专项监督的情况，通过行政检察监督的具体性、恒常性来加以补强。要尊重法院司法审判的权威性，同时针对法院基于行政审判权对行政违法行为进行司法审查受限于"不告不理"诉讼原则，行政审判监督范围相对狭小的困境，通过加强检察机关对行政违法行为的监督，发挥检察监督主动性优势，弥补审判监督范围的局限，及时纠正行政违法行为，维护法治统一。针对行政系统内部以及上级监督存在的公信力不强、内部受制衡而导致

---

[1] 黄明涛：《法律监督机关——宪法上人民检察院性质条款的规范意义》，载《清华法学》2020年第4期。

监督大多流于形式等情况，加强对相关领域的行政检察监督，提升监督的权威性。

检察机关对行政违法行为的监督，要严格依据检察机关的监督职权进行，绝不能为了监督而监督、无限度地扩大检察监督的范围。必须处理好检察监督与其他监督之间的关系，厘清各种监督职权及监督体系的边界。只有这样，各种监督机制协同配合、合作补强，才能真正发挥好整体的监督实效。工作中可以先判断被监督的行政行为是否属于其他监督的监督范围，是否存在监督真空；如果有其他监督机制，监督渠道是否畅通、其他的监督主体是否积极妥当行使监督权、监督效果是否足够等，从而决定行政检察是否介入。

二、要把握好行政检察监督与行政公益诉讼的关系

在现有的"四大检察"监督格局下，行政检察与行政公益诉讼检察并立，但监督对象都同时指向为行政违法行为。因此，"四大检察"语境下的行政检察与行政公益诉讼制度之间的界分、联系以及如何协调、发挥合力都是需要研究解决的问题，也是本书要解决的重点问题。行政检察这一概念虽然自检察制度诞生之时起就已经出现，不是一个新的概念，但理论研究和实践发展缓慢。随着认识的不断深入，行政检察实践不断发展延伸，制度也发生了较大的转变。即便在机构设置分设后，行政检察与行政公益诉讼两者在制度上的关联性、相似性和在本质上的相同性和内在逻辑的共通性依旧突出[1]。

---

[1] 李经验、马晴：《行政检察监督背景下调查核实权的完善研究——基于行政检察与行政公益诉讼的分立与融合关系》，载《攀登》2021年第1期。

第五章 新时代行政检察的基本理念和原则

（一）形式上的分立

"四大检察"格局的构建，将检察机关公益诉讼独立，且作为与行政检察、民事检察并行的组成部分，是基于体系架构设置和制度设置的科学性、合理性的考虑，客观上造成了行政检察与行政公益诉讼相分立的业务分配格局，并作为两项相互独立的制度，形成了形式上的分立。在实际履职中，行政公益诉讼与行政检察在业务涵盖范围以及权力行使方式等方面确实存在一些不同。在职能范围方面，行政公益诉讼以涉及公共利益为启动检察监督的前提；权力行使方式即监督模式上，行政公益诉讼采用检察建议与检察机关提起诉讼相结合的监督模式，而行政检察则是行政行为监督与行政诉讼监督相结合，采用检察建议、抗诉等多种监督手段。

（二）实质上的同源

尽管在机构设置和相关的文件规定中，行政检察与行政公益诉讼表现为分立且并列的形式，但是理论界与实务界有不少人认为两者其实系同一事物的不同方面。有观点将行政检察和行政公益诉讼都归纳在行政检察监督之下[1]；有观点将行政检察界定为广义和狭义两种，其中狭义的行政检察指"四大检察"格局下的行政检察，广义的行政检察则包含狭义行政检察和行政公益诉讼检察[2]。尽管理论界与实务界对于行政检察的概念、体系以及涵盖范畴等问题存在一定的争议，但对于行政检察与行政公益诉讼同源特征的认识还是比较一致的，即行政公益诉讼与行政检察（此处应为上述的狭义行政检察）均应归属

---

[1] 李世豪、罗重一：《行政检察监督的特征界定与机制完善》，载《学习与实践》2020年第6期。

[2] 崔声波、刘蓓：《行政检察监督范围之界定》，载《新东方》2020年第4期；赵辉：《试论新时代行政检察权能》，载《行政与法》2019年第12期。

于对行政用权行为的检察监督[1]。换言之，行政检察的概念，就是行政公益诉讼和狭义行政检察的概念总和；也就是在"四大检察"格局下，行政检察部门办理的检察监督和公益诉讼部门办理的行政公益诉讼监督，都属于行政检察的范畴，二者共同组成了行政检察监督体系。之所以能作出这样的界定，归根结底还是由于两者都是源自检察权法律监督的根本属性、都是以检察权对行政权依法运行进行监督为功能目标，具有共同的理论基础、制度目标和监督功能。

随着新时代我国检察制度不断完善、随着检察监督体系改革后行政检察的发展实践，行政检察部门开展的检察监督与行政公益诉讼监督的趋同性、共通性愈加明显。并且，追溯行政检察的发展历程我们也能看到，最早民行检察合署办公的时期，公益诉讼工作就是由民事行政检察部门办理的，在职能划分上就涵盖在民事、行政检察监督的范畴中。作为国家行政法制监督体系的重要组成部分，同其他监督相比，行政检察监督本身就应该是一个以检察权为基本出发点的独立、完整的体系，体现了检察权对行政权的法律监督；那么作为检察机关监督行政权的狭义行政检察和行政公益诉讼都是其应有的组成部分。因此，狭义行政检察与行政公益诉讼部门分设的现实价值是对行政检察监督案件类型的划分，前者是规范行政诉讼、监督其他行政违法行为，而后者则以涉及公共利益的行政违法行为为适用范围。两者在本质和根源上是相同的，共同组成的广义的行政检察的概念，也正是本书所论证和研究的行政检察概念。

---

[1] 李经验、马晴：《行政检察监督背景下调查核实权的完善研究——基于行政检察与行政公益诉讼的分立与融合关系》，载《攀登》2021年第1期。

三、要把握好谦抑性与主动性的关系

从权力启动机制角度讲，检察权作为法律监督权，天然带有谦抑性的属性；特别是相较于行政权的主动性而言，检察权的启动通常都是被动的。效率对于行政管理活动非常重要，如果检察机关逾越权力行使的边界、随意打断行政活动，干扰行政机关通过行政管理维护社会秩序，显然背离了检察机关法律监督的属性及宪法定位。行政行为涉及到社会的方方面面，随着社会的发展和分工的精细化，专业性和技术性越来越强，检察机关不能轻易评价行政自由裁量权，更不得代替行政机关作决定，对行政权的监督必须保持格外的谨慎。检察监督不可能也不应该做到对行政权力监管的面面俱到。基于补强监督的定位，检察机关要慎重考虑的首先是原有监督是否需要完善、是否属于行政检察监督的范畴、是否需要行政检察进行监督，并通过行政检察的监督达到强化原有监督的效果，而不是罔顾法理、贸然进犯。

基于权力的本质和法律监督的责任，行政检察也天然具有主动性。检察机关既可以依照当事人申请进行监督，也可以依职权主动监督。监督就是权力对权力的制衡，占据主动有助于对被制衡的权力作出必要的限制，有助于发挥对权力进行监督的效能。在权力监督体系中，大部分的监督都有一定程度的主动性，可以自行启动、主动进行监督。行政诉讼监督和行政公益诉讼都在不同程度体现了行政检察的主动性，在对行政违法行为的监督中，行政检察的主动性体现得更充分。行政检察监督在监督体系中的补强定位，也要求行政检察能够及时弥补其他监督的不足，迅速有效填补监督体系中存在的漏洞，这要求

行政检察必须具备主动性的特质。必须指出的是，行政检察的主动性是相对的，而不是绝对的，不代表要"四处出击"[1]。同行政复议、行政审判相比较，行政检察监督具有一定主动性；但相对于监察监督，行政检察监督又相对被动，因为监察监督在方式上要求主动出击、无因调查[2]。

要把握好行政检察谦抑性与主动性对立统一的关系。谦抑性并不是畏首畏尾、放弃监督，主动性也不是无拘无束、肆意妄为。对监督体系中存在不足的地方，行政检察应在职权范围内发挥主动性；在监督体系较为完备的领域，行政检察则应保持慎重谦抑。对监督体系是否完备、是否存在不足的判断并不是清晰简单或一目了然的，还存在许多模糊之处。必须根据不同情况反复衡量行政检察的主动性与谦抑性，坚持"被动申请为主、主动介入为辅"的原则，尽量努力做到适时、适度，达到两者的平衡。具体把握中，一般的行政监督，应以当事人举报、控告、申诉为条件开展监督；主动监督则应聚焦对公益的保护上。

四、要把握好监督时机和监督效果之间的关系

在监督时机上要把握好事中监督与事后监督的节点。原则上，行政检察监督坚持以事后监督为主，尊重行政行为的法律效力和强制力，不随意介入行政管理，不扰乱行政自由裁量权的行使，确保行政管理的连续性和稳定性以及行政管理的高效性。对已然发生的行政违法行为，在前置救济途径都无法解决

---

[1] 肖中扬：《论新时代行政检察》，载《法学评论》2019年第1期。
[2] 魏琼、梁春程：《双重改革背景下警察执法监督的新模式——兼论检察监督与监察监督的协调衔接》，载《比较法研究》2018年第1期。

第五章　新时代行政检察的基本理念和原则

时，检察权才介入[1]。对那些涉及到公共利益或公民人身财产权益的重大案件，要充分认识事中监督的重要性，发挥主动性提早介入，避免产生难以挽回的损失[2]；而那些监督体系中比较成熟、相对完善的领域和环节，检察机关则应保证其他监督工作的优先性，侧重发挥行政检察的强化作用，必要时适时介入，协助其他监督实现更加强化的监督效果。检察机关可以根据有关问题的紧迫、重大程度，以及是否会发生不可挽救的损失等因素，在行政活动实施过程中和结束后两个不同时间点之间做出判断和选择。行政内部的监督同其他监督相比更专业、更便利，因此对行政行为的监督流程通常是按照从行政内部监督再到外部监督的走向。对还处在内部监督的行政行为，行政检察应注意保持距离；当行政内部的监督无法实现纠错功能或者不能够从根本上解决问题时，检察机关则应发挥补强作用，对行政行为进行法律监督，为行政行为的监督提供更为专业的法律支持。检察机关提起行政公益诉讼以及诉讼外的行政检察监督等，都可以在法院审判监督与行政内部监督之间发挥连接枢纽作用，最优的效果是促使有关问题在法院监督启动之前就得到解决、行政违法行为在诉讼程序开始前即得到纠正。

在监督程序上，要把握好适当介入与保持距离的尺度。检察机关监督行政行为时，要给予行政机关足够的空间和尊重，保持适当的距离，不对行政行为的决定与执行指手画脚，无权、

---

[1]　傅国云：《行政检察监督的特性、原则与立法完善》，载《人民检察》2014年第13期。

[2]　有学者主张，检察机关对行政强制措施的监督是事中监督，着眼点在于救济的及时性和便捷性；而对其他违法行政为是事后监督，体现在无违法不干预原则。陈旭等：《检察机关对行政执法活动监督工作研究》，载孙谦主编《检察论丛》（第21卷），法律出版社2016年版，第164~167页。

也不应同行政主体"联合执法";与此同时,检察机关也要随时为介入其中做好充分准备,避免不可逆转的损害结果发生,及时对行政行为存在的违法问题提出意见建议。对其他监督,检察机关也要采取同样的态度和方式,既要尊重其他监督工作的开展,不越权、不冲突,也要做好随时补强监督、发挥补位作用的充分准备,适时进行监督,发挥行政检察监督效能。

在监督标准上,要把握好形式合法审查与实质合法审查之间的平衡。按照《行政诉讼法》的规定,审判机关对行政行为的合法性进行审查;法律监督作为检察监督的专有属性,在行政检察中也予以充分体现。由维护法律的正确统一实施的功能目标决定,行政检察监督以行政行为的合法性作为审查和监督的对象。对行政行为合法性的审查,包括形式合法审查和实质合法审查两个层面。其中,形式合法审查是指,审查行政行为是否符合法律所确立的规则,只要行政权力的行使内容和程序符合法律确定的规则要求,那么就视为行政主体的行政行为合法;而实质合法审查是指,除了审查行政行为是否符合法律规定的规则之外,还审查其是否符合行政法的基本原则、公共道德准则等,以及行政主体在行使自由裁量权之时,对这些决定事实合法性的判断标准运用是否恰当[1]。出于检察机关对行政主体自由裁量权的充分尊重,以及对行政主体专业性的充分尊重,通常以形式合法审查为主;但当行政主体自由裁量明显违背公共道德、行政原则时,也应对行政行为的实质合法性进行审查监督。对行政行为实质合法性的审查,在我国立法中也有明确的依据可循。《行政诉讼法》规定,行政行为有明显不当的,人民法院有权判决撤销或者部分撤销。因此,行政检察监

---

[1] 何海波:《论行政行为"明显不当"》,载《法学研究》2016年第3期。

督在对行政行为形式合法性审查的同时，也要把握好对行政行为实质合法性的审查监督。

第四节 加强行政检察监督和其他监督的衔接

行政检察监督与其他公权力监督共同构成国家行政法治监督体系。要完成好各自的监督使命，确保工作顺利推进，既不浪费资源，也不留下盲点，有必要完善相关机制，明确各自职责任务，进一步加强行政检察与审判监督、纪检监察监督等的协作配合。

一、加强行政检察监督与其他检察的衔接

检察机关内部各部门之间的案件线索具有很多层面的交叉和延伸，充分整合内部资源，是拓展行政检察案件线索来源、提升行政检察质效的最有力、最便捷的手段。各部门之间可以定期召开联席会议或者专题情况通报会议，交流部门工作中出现的与其他部门业务存在交叉或者需要移送的案件线索，以及需要其他业务部门重点了解、跟进、掌握的情况。对于移送的案件线索，相关部门之间可以建立协查机制，以各自监督职责为重点，共同进行调查。

行政检察部门要加强和公益诉讼部门的案件线索移送及案件办理衔接机制建设。行政公益诉讼监督的对象同行政检察部门监督的对象有很多重合之处，在两个部门各自行使职权的过程中，及时移送归对方部门监督管辖的行政违法行为线索，有助于及时纠正行政违法行为、提升监督效率，避免国家利益、社会公共利益和公民合法权益造成难以挽救的损失。

行政检察部门也要建立同刑事检察部门恒常性的线索互通

移送机制，依托"两法"衔接平台，建立紧密的工作衔接。行政违法行为通常与刑事案件之间存在密切的关联，受部门业务职责所限，刑事检察部门更关注的是追究案件中的刑事责任；但有些案件中的行为不仅触犯了刑法、构成刑事犯罪，也违反了行政法规，对行政法维护的社会关系造成了侵害，甚或侵犯了公民相关权益或国家公益、社会公益，应该予以行政处罚。这就容易造成服刑免刑、免刑漏刑等现象的发生[1]。只有两个部门之间加强业务衔接、及时通报相关案件，才能最大限度避免这种情况的出现。

二、加强行政检察监督与行政审判的衔接

检察机关的法律监督权与审判机关的审判权，都是我国权力架构下具有司法权属性的权力；检察机关与审判机关都是政法机关，肩负着监督和促进行政机关依法行政、维护国家法治统一的共同的目标追求和职责使命。按照我国法律规定和工作职责分工，检察机关和审判机关的工作联系最紧密、工作对接最频繁，因而在行政监督履职中互相协作的需求最迫切，协作的基础最牢固，协作的机制和实践也相对最成熟。从权力效力及行使原则上，检察机关法律监督权力的程序性和审判机关审判权力的终局性、检察机关行使法律监督权的能动性和审判机关行使审判权的被动性，恰好形成了互补，两者良好衔接配合，形成了对行政权监督的更为完整的司法监督体系，是以法律方式推动依法行政、维护社会公益和人民群众合法权益、维护社会秩序服务国家治理的最强大合力。

---

[1] 吴世东：《新发展阶段做实行政检察工作的方法和路径》，载《人民检察》2021年第19期。

一方面，检察机关的法律监督权与审判机关的审判权出现竞合时，要遵循谦抑原则，以审判权的行使为先。在行政检察依照法律规定介入行政审判后，两机关可以共同开展当事人工作，共同推进行政争议的化解。另一方面，应加强行政检察与行政审判的案件线索移交共享机制。审判机关可以将认定行政机关行政行为违法、需履行相关纠正义务的案件资料移送给检察机关行政检察部门，由检察机关进行跟进监督。这样既可以拓展行政检察的线索，又充分发挥了行政检察助力行政裁判执行"最后一公里"的补强作用。有学者建议，应重点移送行政机关要采取补救措施、依法履职、重新作出行政行为以及裁执分离的四类案件[1]。在案件的办理中，对于有代表性的类案，检察机关和审判机关可以共同发文进行规范，发挥对类案的指导作用，更好履行检察机关与审判机关服务社会治理的职责，推动行政机关提升在类案领域的依法行政水平。

三、加强行政检察监督与监察监督的衔接

国家监察机关的监督基本形成了对公职人员的全覆盖，亦即形成了对行政权行使中的公职人员的全覆盖。从监督对象上与检察机关错位配合，从监督内容上与检察机关也形成了优势互补。一方面，双方建立案件线索共享机制，行政检察部门将监督行政违法行为过程中的违纪公职人员和职务犯罪线索移送监察机关，监察机关则将查办公职人员过程中发现的行政违法行为线索移送给行政检察部门，实现对行政违法行为中的事和

---

[1] 吴世东:《新发展阶段做实行政检察工作的方法和路径》，载《人民检察》2021年第19期。

人监督无死角[1]。根据最高检制定的《人民检察院检察建议工作规定》，如果在行使检察监督职权的过程中，被监督主体对于检察机关发出的检察建议整改要求不予落实或落实不到位，检察机关可将相关情况通报纪检监察部门；对涉及事项社会影响重大、违法情形具有典型性等需要引起有关部门重视的检察建议书，检察机关可抄送纪检监察机关[2]。由此，可以充分发挥检察建议在行政检察监督中的作用，借助纪检监察部门对人监督的巨大威慑力，提升行政检察监督的影响力、震慑力。

四、加强行政检察监督与行政机关的衔接

做好与行政机关的工作衔接、建立健全各领域行政执法信息共享平台，必将总体上提升行政检察的监督能力和效力，进一步促进依法行政水平提高，达到双赢的效果。2020年，最高检与自然资源部联合印发《自然资源主管部门与检察机关在土地执法查处领域加强协作配合的试点方案》（以下简称"《土地执法协作配合试点方案》"），推动落实早前中共中央办公厅、国务院办公厅印发的《关于统筹推进自然资源资产产权制度改革的

---

[1] 梁春程：《司法改革背景下行政检察制度研究》，华东政法大学2019年博士学位论文。

[2] 《人民检察院检察建议工作规定》（2018年通过）第20条规定："涉及事项社会影响大、群众关注度高、违法情形具有典型性、所涉问题应当引起有关部门重视的检察建议书，可以抄送同级党委、人大、政府、纪检监察机关或者被建议单位的上级机关、行政主管部门以及行业自律组织等。"第25条规定："被建议单位在规定期限内经督促无正当理由不予整改或者整改不到位的，经检察长决定，可以将相关情况报告上级人民检察院，通报被建议单位的上级机关、行政主管部门或者行业自律组织等，必要时可以报告同级党委、人大，通报同级政府、纪检监察机关。符合提起公益诉讼条件的，依法提起公益诉讼。"

第五章　新时代行政检察的基本理念和原则

指导意见》(以下简称"《自然资源资产产权改革意见》")[1]。该《自然资源资产产权改革意见》明确检察机关享有对自然资源行政执法进行法律监督的职权,建立监督的衔接平台。《土地执法协作配合试点方案》依据《自然资源资产产权改革意见》的规定,对试点地区检察机关探索开展土地执法查处领域行政检察监督的工作机制、总体原则等作出规定。上海、武汉、内蒙古巴彦淖尔市等试点地区检察机关与当地自然资源主管部门都签订了相关意见,分别建立了案情通报机制、联席会议制度、沟通联系机制、文书移送、日常联络等常态化工作机制。湖南省邵阳市人民检察院作为试点单位与邵阳市自然资源主管部门搭建两法衔接平台,自试点开始至2021年10月18日,全市检察机关通过该平台共收到土地资源保护领域的案件线索256件,检察机关共计立案204件,其中行政公益诉讼立案130件,发出检察建议117件;受理土地执法领域行政非诉执行案件61件,结案56件。这一试点改变了检察机关坐等案件"上门"被动状态,也避免了检察机关在社会上大海捞针的尴尬,提升了监督效果和治理效果[2]。

除了同执法部门加强工作衔接以外,还要同行政内部监督部门加强工作衔接。双方可建立案件线索共享制度、案件通报制度等工作制度和沟通联系机制,就监督行政违法行为过程中

---

[1] 2019年4月,中共中央办公厅、国务院办公厅印发《关于统筹推进自然资源资产产权制度改革的指导意见》,第(11)规定:"……建立自然资源行政执法与行政检察衔接平台,实现信息共享、案情通报、案件移送,通过检察法律监督,推动依法行政、严格执法……"

[2] 《邵阳市自然资源主管部门与检察机关就土地执法查处领域协作配合试点工作集中调研》,载邵阳市自然资源和规划局官网,https://zrzy.shaoyang.gov.cn/sygtj/dtxx/202111/09cb58f5c7d34e70a95f4fc1daa541b5.shtml,最后访问日期:2023年11月30日。

发现的类型性、普遍性的执法问题,共同商拟监督标准和处理标尺。通过衔接机制,将检察机关受理的但是属于行政机关自行纠正的案件线索及时移送行政监督部门,发挥行政自我监督及纠正的优势作用,促进行政纠纷实质性解决。

五、加强行政检察监督与党委、人大的衔接

检察机关作为政治性强的业务机关,内部实行垂直领导体制,下级检察院接受上级检察院的领导;作为国家的政法机关,各级检察机关接受各级党委的领导;同时,在国家权力架构下,各级检察机关由同级人大产生,向同级人大负责。这是中国国情决定的检察机关的运行体制。因此,党委、人大的领导和支持,是行政检察工作发展的根本保障。基于中国共产党的领导地位,党委对行政检察的支持以及对各方面关系的协调,是行政检察深化发展、提升监督能力的最强动力和最强保障。党制定的政策决定,是在法律规定尚未出台时,行政检察业务拓展的"尚方宝剑"。比如在当前,对于行政违法行为的检察监督,在法律中还没有特别明确的规定,但是检察机关能够做实行政检察、积极推动对行政违法行为的检察监督,就是由于有2014年中共中央制定的《全面推进依法治国决定》,以及2021年中共中央制定的《中共中央关于加强新时代检察机关法律监督工作的意见》。根据最高检制定的《人民检察院检察建议工作规定》,前述向纪检机关抄送的检察建议书或者通报的情况,也可向同级人大进行抄送或者报告。因此,检察机关应主动向同级党委、人大汇报工作,争取党委、人大对检察工作给予更多政策上的支持;同时帮助检察机关协调理顺与相关监督机关以及被监督机关的关系,减少行政检察监督的阻力,形成更加顺畅的工作机制和良性的环境氛围。

第五节 行政违法行为检察监督与有关监督的界分

如前文所述,目前现有行政检察监督的范畴中,行政诉讼监督、行政公益诉讼监督的实定法明确、履职程序和范围都很清晰,因而与其他监督的界分明朗。唯有行政违法行为检察监督,虽然属于理论界和实务界公认的行政检察监督范畴,但由于缺乏明晰的法律规定,目前对行政违法行为检察监督的具体监督内容与履职程序等内容,理论界和实务界还没有达成共识。因而,在推进新时代行政检察进程中,有必要将行政违法行为检察监督与相关的监督进行进一步界分,明晰检察机关监督职权行使范围和边界。行政违法行为检察监督与行政审判检察监督存在所监督行政行为的可诉与非可诉之分、并行模式下的监督前后之分和支持起诉中的角色之分;与监察委监督具有针对行政行为的对事监督和针对公职人员的对人监督之别;而与行政公益诉讼诉前程序则表现为监督对象是涉公益或涉私益行政行为的不同。具体界分如下:

一、行政违法行为检察监督与行政审判监督的界分

行政行为检察监督与对法院的行政诉讼监督均具有制约行政违法、保护行政相对方合法权益的功能,但又可以进行相应的区分,具体表现在:

(1)可诉与非可诉的监督对象之分。根据《行政诉讼法》第12条的规定,不是所有的行政违法行为均可进行诉讼监督,法院仅能对部分具体行政行为进行审查,如行政强制措施、行

政处罚、行政许可等，而不少类型的行政违法行为并不能进入审判监督的范围。与行政诉讼检察监督相比，行政违法行为检察监督并不受诉讼立案范围的限制，对非可诉的行政违法情形也可以进行监督。当前，检察机关探索对涉人身自由或严重侵害相对方财产权益的行政违法行为进行直接监督，并支持弱势群体提起行政诉讼；监督对象既包括可诉具体行政行为类型，也涉及非可诉的行政行为。

（2）并行监督的前后之分。在可诉行政行为中，对涉人身自由或严重侵害行政相对方特别是企业财产权益的，检察机关可以进行直接的监督，形成与诉讼审判监督并行的监督格局。然而，两种并行的监督模式也有先后之分。涉人身自由的可诉行政行为，可能侵犯公民的基本权利、造成难以弥补或不可逆的损害，其救济具有紧迫性；而法院审查行政行为需要具备成熟性、终结性〔1〕，且诉讼程序相对繁琐、冗长，难以对被侵害的人身自由进行及时救济。因此，检察机关应于诉前对涉人身自由的行政违法行为进行直接监督，以适时制止行政违法，避免人身自由损害的扩大。对严重侵害相对人财产权益的可诉行政行为，除了情况十分紧迫的，检察机关都可以保持相对的谦抑性，在行政相对人没有提起诉讼的情况下，才进行法律监督。实践中，不少企业因处于被管理或者被监管的地位，即便在财产权益受到重大损害时，也不愿诉或不敢诉。对此，检察机关亦有必要对行政违法行为进行诉前监督。

（3）支持起诉的角色之分。对侵害弱势群体的可诉行政行为，检察机关可以支持弱势原告方提起诉讼。在支持起诉中，

---

〔1〕 最高人民法院行政审判庭编著：《最高人民法院行政诉讼法司法解释理解与适用》[上]，人民法院出版社2018年版，第50页。

检察机关处于原告之辅助人地位,而法院是居中裁判者,二者均着力于监督行政违法行为,但诉讼角色明显有别。

二、行政违法行为检察监督与监察委监督的界分

行政违法行为检察监督目标和指向在于纠正违法的行政行为,而监察机关的监督权力核心在于通过惩治与预防开展反腐败工作,两者的使命都在于规范权力运行、防止公权力滥用,但在监督范围上有明确的界分。

(1)对事与对人之分。行政违法行为检察监督具有司法属性,主要针对具体行政行为,如行政主体实施行政行为时适用法律错误、违反法定程序、超越权限、不履行法定职责等[1],通过监督行政机关行使国家权力的"事"的合法性,来实现对行政机关的监督,即"对事"监督。而基于《监察法》《监察法实施条例》的规定,监察机关监督体现"反腐败"属性,主要就履行职责的廉洁性和勤勉性等方面,对党员和公职人员进行监督,监督对象是自然人,而不是组织[2]。即监察机关的监督本质上是一种对人监督。

(2)有限性与全面性之别。行政违法行为检察监督针对行政管理、执法等领域,当前主要限于涉人身自由、严重侵害相对人财产权益及侵害弱势群体权益的具体行政行为,是一种专门性的监督。行政违法检察监督一般是事后监督,多以制发检察建议或纠正违法意见书等方式对行政机关进行提醒、督促,

---

[1] 王学成、曾翀:《我国检察权制约行政权的制度构建》,载《行政法学研究》2007年第4期。

[2] 夏金莱:《论监察体制改革背景下的监察权与检察权》,载《政治与法律》2017年第8期。

"即使是对行政机关不作为的监督,也是基于行政机关负有作为的法定义务而不履行,这种不作为已经构成了违法"[1]。针对限制人身自由时间较长的行政强制措施及行政拘留、强制隔离戒毒等行政处罚,或者造成不可逆转侵害的风险极大的行政行为,可以探索采取过程参与或同步报备审查等方式,经核实确属行政违法的,即可采用纠正违法意见书、中止令或督促令等形式及时遏制违法苗头,减少行政违法行为造成的损害。而监察机关监督涉及行政人员、司法人员以及其他领域公职人员的违法、违纪情形,是对所有党员和公职人员监察的全覆盖,体现了监督的全面性。这种全面性还体现在监察委监督的实时性和全程性,包括事前预防性监督、事中发现性监督和事后惩治性监督[2]。

(3)违法程度之间。检察机关虽然是法律监督机关,但不是全面监督法律实施的机关,也没有去"统揽法律监督权"[3]。行政违法行为检察监督与监察委监督既有界分,又存在协同关系。行政违法行为检察监督主要针对一般性违法行为,但如果行政违法达到一定程度,已经涉及行政违法实施人员违纪或涉嫌贪污贿赂、滥用职权、玩忽职守等违法犯罪情形,隶属监察机关对"人"的监督范围的,检察机关在监督行政违法行为的同时,亦应将相关线索移送监察委进行专门调查及处置。反之,监察机关在对公职人员进行违纪违法监督时,相关线索也可以移送检察机关进行法律监督。

---

[1] 夏金莱:《论监察体制改革背景下的监察权与检察权》,载《政治与法律》2017年第8期。

[2] 赵卿:《双重改革视域下行政检察监督与监察委监督的关系辨析》,载《江西社会科学》2020年第7期。

[3] 韩大元:《坚持检察机关的宪法定位》,载《人民检察》2012年第23期。

三、行政违法行为检察监督与行政公益诉讼诉前程序的界分

行政违法行为检察监督功能致力于督促行政机关纠正违法履权或不行使职权的行为，而根据《行政诉讼法》第25条第4款及最高法、最高检《最高人民法院、最高人民检察院关于检察公益诉讼案件适用法律若干问题的解释》第21条第1款，行政公益诉讼诉前检察建议亦旨在督促行政机关依法履行职责，两者之间具有监督功能和目的上的共通性，但在监督范围上亦可以进行界分。

（1）"私益"与"公益"之分。行政公益诉讼诉前检察建议主要督促纠正侵害公共利益的行政违法行为。行政公益诉讼试点以来，就试点情况来看，检察机关通过诉前程序督促行政机关实现自我纠错的案件比率最高达到了77.75%[1]。诉前程序发挥了督促执法、过滤案件的显著作用。随着《行政诉讼法》对公益诉讼诉前程序的确立及行政公益诉讼职能从行政检察中分离并入公益诉讼检察，行政检察部门探索行政违法行为法律监督，应主要集中于侵犯公共利益之外的，即涉公民、企业私权利益的行政违法行为。行政检察对涉人身自由或严重损害财产权益的行政行为进行监督，以及对弱势群体的支持起诉，均是针对侵害特定相对人的行政不法情形，而不包括损害不特定主体利益的违法行政行为。公益与私益属于不同利益位阶，公益一般涉及不特定多数人的利益，并非简单的"公众利益之总和"，而具有多元性、复杂性，既蕴含"私益"的机理，又有

---

[1] 刘子阳：《检察公益诉讼试点全面"破冰"》，载《法制日报》2016年8月17日，第3版。

"公益"的一面，故应采取不同于私益位阶的保护方式[1]。概言之，行政违法行为检察监督与行政公益诉讼诉前程序各自监督的行政违法行为范围，存在涉私益和涉公益的区分。

（2）"私益"与"公益"之间。《行政诉讼法》第25条第4款规定，对生态环境和资源保护、食品药品安全、国有财产保护、国有土地使用权出让等领域的行政违法行为，适用公益诉讼诉前检察建议。然而，该条对涉公益行政行为仅作非完全性列举，而"公益"具有概括性、抽象性，司法实践对"公益"界定模糊，理论界亦没有对公共利益的内涵和外延形成统一认识[2]。未被《行政诉讼法》明确列举为"公益"领域的行政违法行为，是适用诉前检察建议还是可以采用行政违法检察监督方式，存在一定的模糊性。因公共利益与个人利益是相互联系的，公共利益是以一个个"个人利益"为基础的，没有离开个人利益的公共利益[3]。《行政诉讼法》第25条第4款所列几种领域之外的行政行为侵犯多人利益的，特别是严重侵害多个相对方人身自由或财产权益时，若可以明确认定为涉公共利益的，应采取行政公益诉讼诉前检察建议予以监督；若是否涉公共利益不明而难以启动公益诉讼的，可以考虑以行政检察建议、纠正违法意见书、督促令等方式，对行政违法行为进行监督，或者支持特定弱势群体提起行政诉讼，以个案监督推动涉多人利益行政违法情形的纠正，达到以点带面的监督效果。

---

[1] 王利明：《民法上的利益位阶及其考量》，载《法学家》2014年第1期。
[2] 张千帆：《"公共利益"是什么？——社会功利主义的定义及其宪法上的局限性》，载《法学论坛》2005年第1期。
[3] 杨小君：《试论行政作为请求权》，载《北方法学》2009年第1期。

第六章
新时代行政检察深化发展的运行框架构想

在中国特色社会主义法治建设新征程中，检察机关担负着光荣而艰巨的使命。努力做实、做强行政检察，是发展行政检察自身的迫切需要，是加强新时代法律监督的内在要求，更是推进国家治理体系和治理能力现代化，建设法治国家、法治政府、法治社会的重要途径。只有充分协调发展的检察机关才能更好担当新时代法律监督的重任，更好服务国家发展新征程。做好新时代行政检察，要把握好在国家法治布局中，行政检察在国家监督体系中的位置和要求，自觉服务于国家发展大局，发挥好行政检察对国家监督体系的补强作用。做实、做强行政检察，不需要"大水漫灌式"，而是要有的放矢、突出重点、有所作为。坚持新发展理念，在坚持制衡法定原则、合法原则、程序公正原则、谦抑原则、比例原则等的基础上，完善好和其他公权力监督的衔接，构建行政诉讼监督与非行政诉讼监督并行推进的格局，积极开展行政违法行为监督，综合运用抗诉、检察建议等多种监督手段，加强立法，完善相关工作保障机制，实现新时代行政检察的更好发展。

新时代行政检察深化发展，要围绕服务大局，根据党中央关于贯彻新发展理念、构建新发展格局、推动高质量发展作出的重大决策部署，确定行政检察的重点领域，特别是加强对与营商环境密切相关的市场监管、税收管理、市场准入、经营许可、安全生产监管等领域行政违法行为的监督。围绕司法为民，践行以人民为中心的发展思想，加大对民生领域，尤其是食品药品、公共卫生、自然资源、生态环境、安全生产、劳动保障、城市管理、交通运输、金融服务、教育培训、社会救济等关系群众切身利益领域行政违法行为的监督力度，依法保障人民群众的人身权、财产权等合法权利。加强对群众关注度高、关系群众切身利益、容易发生行政违法行为领域的监督，不断提高行政检察监督的社会影响力。围绕社会治理，有针对性地瞄准当地社会治理中的难点、堵点，与新时代新发展阶段经济、社会治理更高要求紧密结合，组织开展行政违法行为专项监督活动，防范和化解社会风险。积极参与推进法治政府建设，在办案中实现政治效果、社会效果、法律效果相统一。

第一节　优化行政诉讼检察监督

广义上，对行政诉讼的检察监督既包括对生效行政裁判和调解的监督，也包括对行政审判人员违法行为监督、行政执行活动监督，其中行政执行活动监督包括非诉执行监督[1]。行政诉讼监督作为行政检察最传统、最成熟的业务，在行政检察监督职能中处于基础和核心的地位，是发展"穿透式"行政检察监督的立足点。新时代深化行政检察发展，必须要巩固好行政诉讼监督的现有良好基础，做精做强，为行政检察业务拓展奠定坚实后盾。

---

[1] 秦前红、李世豪：《以"穿透式"监督促进行政检察功能更好实现》，载《检察日报》2022年2月11日，第3版。

第六章　新时代行政检察深化发展的运行框架构想

一、做优做强行政抗诉监督

有学者建议，为了保证检察机关监督行政诉讼的监督实效，应采用全过程、全方位的监督理念，将监督的时间节点前移到行政诉讼过程中。因此，法院受理行政案件后，即应将案件受理通知书及有关法律文书抄送同级检察院。检察机关可就法院的受理、立案、审判等活动进行监督，既可以维护审判权威又可以提升案件的水平[1]。笔者认为，这种做法违背了行政检察的谦抑原则，对于其他公权力尚在对行政行为进行监督时提早介入并不妥当；但是，当进入行政检察监督环节后，对行政诉讼进行全过程监督的理念还是值得提倡的。对行政诉讼的监督不能仅局限于对生效行政判决、裁定、调解书的监督，而应当贯穿于行政诉讼的案件受理、立案，行政审判人员违法行为、执行行为等整个诉讼制度履行全方面、全过程。

既要进行全面的审查，又要践行精准监督的理念，按照"穿透式"监督"一案三查"（详见图五）的做法，从不同层次、不同维度对行政诉讼进行监督。在监督行政审判权维度，要全面审查审判机关受理、立案是否合法，生效行政裁判认定事实是否清楚、适用法律是否正确，是否存在对诉讼请求的遗漏，举证责任的分配是否明显不当，审判人员组成是否合法，审判程序是否合法，审判人员在审判中是否有违法行为，行政裁判的执行是否及时、到位，是否存在不当情形，等等。在监督行政机关依法行政维度，要全面对诉讼中的行政行为形式的合法性、程序的合法性等进行审查，必要时对实质的合法性进

---

[1] 沈开举、沈思达：《加强穿透式监督实质性化解行政争议》，载《人民检察》2021年第15期。

行审查；同时，也可以审查诉讼中行政行为所依据的行政规范性文件是否存在与法律、行政法规、部门规章相冲突的情形。在化解行政争议、参与社会治理维度，要积极推动行政争议的实质性化解，从"修复性司法"理念出发，化解矛盾，引导行政机关与行政相对人和解；同时开展诉源治理，就争议中的共性、突出性问题向行政机关提出改进的建议，发挥检察机关在构建共建共享基层社会治理新格局中的优势作用。

```
       审查行政机关行政行为有无违法
              审查法院的裁判有无错误
   检察机关办理行政
   诉讼监督案件时要
   注意评估实质性化
   解行政争议的可能
   性，做到
      "一案三查"
       审查行政争议实质性化解有无可能
```

图五　"一案三查"示意图

做优做强行政诉讼监督，不能刻意追求案件数量、唯抗诉论，而是要突出案件的质量、突出监督效果，实现案件数量和质量的平衡。要做到以小带大、以点带面，充分发挥类案监督的引领性和示范性作用，促进同类案件办理更精、更准、更实，切实提升监督质效。加强案件办理中的"繁简分流"机制，合理分配人员力量，用繁案精办、简案快办的方式解决行政检察部门力量不足、案多人少的问题。

第六章 新时代行政检察深化发展的运行框架构想

二、加强行政非诉执行监督

行政非诉执行，是指行政机关作出具体行政行为之后，作为行政相对人的公民、法人或者其他组织负有相应的履行义务；而以上相对人在法律规定的期限内，不履行行政决定所确定的义务，也不提起行政诉讼、行政复议时，没有强制执行权的行政机关向人民法院提出申请，请人民法院审查并裁定执行[1]。行政非诉执行与行政诉讼执行是特殊与普通的关系。根据《行政诉讼法》相关规定，检察机关负有对行政诉讼实行法律监督的职权，所以检察机关有权对裁判执行和非诉执行进行监督[2]。从我国现有法律规定和实践看，行政非诉执行强调的是人民法院对行政机关强制执行司法审查的"控制阀"作用[3]，同时体现出审判机关的司法权和行政机关的行政权。通过司法权的"控制阀"作用，阻止明显违法的行政决定的强制执行，以达到保护公民、法人和其他组织的合法权益的目的[4]。因而，在行政非诉执行中引入检察权，通过对司法权的监督穿透至对行政权的监督，符合我国权力监督体系的理论逻辑以及我国检察机关的宪法定位。

---

[1] 应松年主编：《行政强制法教程》，法律出版社2013年版，第18~20页。
[2] 《行政诉讼法》第11条规定："人民检察院有权对行政诉讼实行法律监督。"第101条规定："人民法院审理行政案件，关于期间、送达、财产保全、开庭审理、调解、中止诉讼、终结诉讼、简易程序、执行等，以及人民检察院对行政案件受理、审理、裁判、执行的监督，本法没有规定的，适用《中华人民共和国民事诉讼法》的相关规定。"
[3] 李清宇：《非诉执行行政案件司法审查标准研究》，中国社会科学出版社2018年版，第14页。
[4] 姜明安：《行政非诉执行检察监督功能价值的五方面体现》，载《检察日报》2019年5月27日，第3版。

检察机关对行政非诉执行活动开展法律监督，已经成为做实行政检察，尤其是破解基层行政检察发挥作用难、缓解案件办理"倒三角"结构困境新的增长点和突破口。2018年起，最高检在全国检察机关部署开展行政非诉执行监督专项活动；近年来无论是监督规模还是监督质量和效果，都有长足发展。2021年发布的《人民检察院行政诉讼监督规则》，进一步明确了行政非诉执行监督的条件和程序。

在行政非诉执行制度中，充分发挥行政检察"一手托两家"的职能作用。非诉行政执行监督也是"穿透式"行政检察的生动体现，以行政检察对行政审判依法行使司法权的监督为立脚点，"穿透"监督行政行为，以达到促进行政机关依法行政的效果。具体监督中，要重点进行两个层面的审查。第一个层面是对审判机关审判权的检察监督，主要包括对申请的受理、审查、裁定以及执行过程。具体有以下几种情形：依法应当受理，审判机关决定不予受理但没有依法作出不予受理裁定的；已经受理的案件，无正当理由未依法作出执行裁定，也未在法定期限内采取执行措施或者执行结案的；原有的原因消失后仍不按规定恢复执行等违法情形。第二个层面，审查行政机关是否违法行使职权或者不行使职权，如存在违法或怠于行使职权的，则应督促其纠正。目前，对行政机关怠于申请强制执行的情况进行检察监督，是实践中的难点，只能通过履职发现。

行政非诉执行监督也包括对执行和解的监督。执行和解是指行政强制执行过程中，为了更好地实现执法目的，行政机关在不损害公共利益也不损害他人的合法权益前提下，与被执行人达成和解协议，通过协议约定被执行人分阶段履行义务，或约定被执行人积极采取补救措施而换取对执行义务一定的折抵，

第六章 新时代行政检察深化发展的运行框架构想

比如减免加处的罚款或者滞纳金[1]。针对行政机关在此环节易发生的违法情形,要重点审查和解协议中被执行人分期、分阶段履行义务的期限或方式是否在合理范畴之内,是否属于应向人民法院申请强制执行但行政机关却与行政相对人达成和解的情况,行政机关是否对羁束行政行为予以和解,以及是否存在被执行人未完全履行义务、行政机关也未与被执行人达成和解,法院却以执行和解履行完毕为由结案的情形。

行政非诉执行监督的方式主要是检察建议,同时也可采取多元共治的方式[2]。以事后监督为原则、事中监督为例外,应当坚持穿透式监督理念,强调通过个案监督穿透至类案监督,总结提炼共性问题,从而达到"办理一案,治理一片"的效果。

人民法院裁执分离案件,是指行政机关向人民法院申请强制执行、人民法院审查裁定、行政机关组织执行的方式,最早在国有土地房屋征收领域得到探索推行。此类执行方式由于没有统一规定,不同地区的实际执行并不相同。各地检察机关应以各地发布的具体规定或文件为准,明晰适用裁执分离的案件领域,结合本地实践情况稳步推进;不宜随意扩张适用范围[3]。

---

[1] 《行政处罚法》第66条第2款规定:"当事人确有经济困难,需要延期或者分期缴纳罚款的,经当事人申请和行政机关批准,可以暂缓或者分期缴纳";《行政强制法》第42条规定:"实施行政强制执行,行政机关可以在不损害公共利益和他人合法权益的情况下,与当事人达成执行协议。执行协议可以约定分阶段履行;当事人采取补救措施的,可以减免加处的罚款或者滞纳金。执行协议应当履行。当事人不履行执行协议的,行政机关应当恢复强制执行。"

[2] 在江苏省某市自然资源和规划局申请执行退还土地、拆除建筑物、恢复土地原状及罚款决定检察监督案中。检察机关审查后,向镇政府发出行政检察建议,同时采用多元共治的方式组织政府部门、企业、商户等召开圆桌会议,促成各方理解、采纳检察建议。最高检第七检察厅编:《人民检察院行政检察案例选——行政非诉执行监督典型案例专辑》,中国检察出版社2020年版,第116页。

[3] 张相军、张薰尹:《行政非诉执行检察监督的理据与难点》,载《行政法学研究》2022年第3期。

第二节　加强行政违法的行政检察监督

一、探索开展对行政规范性文件的监督

根据我国《立法法》，国务院对规章行使审查权，对于不适当的地方规章，国务院可以予以改变或撤销。国务院制定的《规章制定程序条例》（2017年修订）[1]、《法规规章备案条例》[2]规定，对于与法律、行政法规相抵触的规章，或者规章违反上位法的，国家机关可以向国务院提出审查建议，检察机关对规章进行监督依据充足。检察机关作为国家的法律监督机关，要在合理范围、合法程序下，积极探索开展相关监督。

行政规范性文件除国务院的行政法规、决定、命令以及部门规章外，还包括由行政机关或经法律授权的组织制定的具有普遍约束力的公文，涉及公民、法人和其他组织的权利义务关系，在一定期限内反复适用。根据国务院发布的《国务院办公

---

[1] 根据国务院制定的《规章制定程序条例》（2017年修订）第35条，国家机关、社会团体、企业事业组织、公民认为规章同法律、行政法规相抵触的，可以向国务院书面提出审查的建议，由国务院法制机构研究，并提出处理意见，按照规定程序办理。以上主体如认为设区的市、自治州的人民政府规章同法律、行政法规相抵触或者违反其他上位法的规定的，也可以向本省、自治区人民政府书面提出审查的建议，由省、自治区人民政府法制机构研究，并提出处理意见，按照规定程序处理。

[2] 国务院制定的《法规规章备案条例》第9条规定，国家机关、社会团体、企业事业组织、公民认为地方性法规同行政法规相抵触的，或者认为规章以及国务院各部门、省、自治区、直辖市和较大的市的人民政府发布的其他具有普遍约束力的行政决定、命令同法律、行政法规相抵触的，可以向国务院书面提出审查建议，由国务院法制机构研究并提出处理意见，按照规定程序处理。

第六章　新时代行政检察深化发展的运行框架构想

厅关于加强行政规范性文件制定和监督管理工作的通知》[1]，检察机关对公文的合法性负有监督职权。目前，各地检察机关在开展行政检察监督中，遵循"穿透式"行政检察理念，以附带性审查的方式相继进行了对规范性文件监督的有益探索，取得了很多成功的实践，要继续深化。

二、开展重点领域的行政违法行为检察监督

近年来，特别是党的十八届四中全会明确督促纠正行政违法的检察职能后，对行政违法的检察监督呈现出直接化的发展过程。在审查生效裁判以间接监督促进依法行政的模式之外，产生了行政公益诉讼及支持起诉的诉讼对抗方式，乃至出现对行政违法直接督促纠正的检察探索。检察机关的直接监督，有助于改变行政违法纠错效率较低的问题。长期以来，行政执法的能动性、及时性与行政行为纠错的冗长性存在鲜明的反差。行政违法行为可能经复议再到诉讼，由司法审判予以纠正；甚至需要检察抗诉重新开启司法纠错程序，呈现出繁琐的监督过程。较之传统抗诉监督模式，行政违法行为检察监督具有明显的效率优势。例如，行政公益诉讼制度解决了公益受损诉讼救济的代表人缺位问题，但没有处理不涉公益的具体行政相对人不愿诉、不敢诉的问题，亦无法改变行政相对人在诉、辩、审

---

[1] 《国务院办公厅关于加强行政规范性文件制定和监督管理工作的通知》（国办发〔2018〕37号）规定："行政规范性文件是除国务院的行政法规、决定、命令以及部门规章和地方政府规章外，由行政机关或者经法律、法规授权的具有管理公共事务职能的组织（以下统称行政机关）依照法定权限、程序制定并公开发布，涉及公民、法人和其他组织权利义务，具有普遍约束力，在一定期限内反复适用的公文。""强化备案监督……探索与人民法院、人民检察院建立工作衔接机制，推动行政监督与司法监督形成合力，及时发现并纠正违法文件。"

三角诉讼结构中的弱势地位[1]。通过支持弱势群体起诉、以参与诉讼的方式监督行政违法行为，比裁判生效后的抗诉方式更为主动、及时。而与审判监督相比，检察机关直接监督行政违法行为，更显积极主动性，能起到及时提醒、预防和纠偏功能[2]，避免冗长的诉讼程序和高昂的诉讼成本。在诉讼之外进行检察监督，可以适时敦促行政机关纠正不当履职或怠于履职问题，通过更快的纠错模式保障行政执法的高效运行。检察机关对行政违法行为进行监督，可以摆脱法院监督依赖诉讼制度所带来的滞后性和低效性，既补充了现有行政法制监督体系的不足，更强化了行政监督的高效化目标导向，在行政违法出现后或有发生苗头之时，自主、适时地启动监督程序，从而起到更好的"补强"效果[3]。

以往，行政检察监督主要着眼于行政诉讼监督，通过对生效行政裁判、审判和执行活动的监督，规范、制约行政行为，而对行政相对人的合法权益及其救济能力关注不够。行政违法行为作出后，不少行政相对方因人身自由受限，或囿于被管理者地位，抑或欠缺法律知识、经济基础，而不能诉、不敢诉甚至不知诉；亦可能因行政行为不属于行政诉讼的受案范围，而游离于诉讼之外，难以为检察机关诉讼监督所及，导致行政相对方无法通过有效的途径维护自身合法权益。虽然检察监督仅

---

[1] 颜翔：《行政检察监督体制之改造——以行政权监督转向为视角》，载《江西社会科学》2015年第3期。

[2] 刘畅、肖泽晟：《行政违法行为检察监督的边界》，载《行政法学研究》2017年第1期。

[3] 陈家勋：《行政检察：国家行政监督体系中的补强力量》，载《现代法学》2020年第6期。

第六章 新时代行政检察深化发展的运行框架构想

是通过监督行政权力的行使，对私权救济形成间接的助力[1]；但行政检察在发挥法律监督功能过程中，无疑应重视行政相对方合法权益的保护。当前，行政检察正经历从以诉讼监督为主发展为诉讼监督与行政违法行为监督并行的格局转变。较之诉讼监督，行政违法行为检察监督具有被动制约与主动督促的监督能动性，这种监督能动性表现在，既可于行政违法发生后诉讼之前进行事后监督，也能在行政行为造成不法侵害过程中为事中监督，甚至在有违法侵害隐患时即可作事前监督。例如，可尝试探索检察机关发布禁止令的监督方式，对严重侵害公民合法权益、宪法基本权利的具体行政行为，通过发布禁止令督促中止该行为[2]；而在行政违法已露端倪、侵害尚未形成之时，检察机关可以运用检察建议、检察意见等方式，提出预防措施、改进工作建议，达到事前监督的良好效果。行政违法行为检察监督的能动性、高效性，及较法院审判更宽泛的监督范围，为行政相对方提供了更为便捷、可及的救济渠道。在这个意义上说，损害个人、法人等合法权益的行政违法行为理应成为行政检察监督的重点之一[3]。

2014年《全面推进依法治国决定》及2021年《中共中央关于加强新时代检察机关法律监督工作的意见》，明确提出检察机关对涉及公民人身、财产权益的行政违法行为进行监督，并明确了检察机关可以通过依照法律规定提出检察建议等方式督促其纠正。围绕以上部署，应重点开展针对以下方面行政违法

---

〔1〕 宋尚华：《行政违法行为检察监督的边界》，载《人民检察》2018年第2期。

〔2〕 张雪樵：《违法行政检察监督机制的谱系化》，载《人民检察》2016年第11期。

〔3〕 肖中扬：《论新时代行政检察》，载《法学评论》2019年第1期。

行为的检察监督。在监督中要严格按照《全面推进依法治国决定》和《中共中央关于加强新时代检察机关法律监督工作的意见》的要求，坚持在"履职中"发现。"履职中"应指检察机关履行法律监督职责的所有过程中，既包括履行行政检察监督职责中发现，也包括在履行刑事检察、民事检察、公益诉讼检察等职责中发现[1]；人大、监察等部门向检察机关移送的相关线索，也应该属于检察机关在履行职责中发现的范畴。

(一)涉人身自由的行政行为

人身自由是《宪法》赋予公民的基本权利，与个人行动、生存紧密相关，不受非法侵犯。公权机关依法限制或剥夺公民的人身自由，需要有明确的法律依据，符合法定程序。在行政管理和执法领域，涉及公民人身自由的具体行政行为主要有行政强制措施、行政处罚及其他行政措施，既包括可诉的行政行为，也有诉讼外的行政行为。

涉人身自由的行政强制措施是行政机关为制止不法行为、防止证据损毁或危险扩大等对公民人身采取的暂时性限制措施，包括现场盘问、传唤等临时措施和拘留审查等持续一定时间的限制手段。涉人身自由的行政处罚指行政机关对违反行政管理秩序的公民采取的人身自由罚惩戒措施，如行政拘留、强制戒毒等。其中，行政拘留较为常见，既有治安性拘留，也有非治安性行政拘留，如《环境保护法》第63条、《食品安全法》第123条、《网络安全法》第63条等规定的非治安性行政拘留处罚。由于涉人身自由行政强制措施的执法队伍素质参差不齐、行政拘留等涉人身自由行政处罚的证据要求和证明标准较低、

---

[1] 杨春雷：《深入贯彻党中央全面深化行政检察监督新要求 探索推进行政违法行为监督》，载《人民检察》2021年第C1期。

第六章　新时代行政检察深化发展的运行框架构想

处罚决定和执行权力过于集中,且被处罚对象的申辩权难以充分保障[1],以至于滥用行政强制措施和行政处罚非法剥夺或限制公民人身自由的情形屡见不鲜;此外,还存在侵犯人身自由的其他行政行为。行政相对人的人身自由受到行政违法行为侵犯后,除人身、行动受限、心理和名誉受损外,还可能衍生身体伤害,或引发生存困难等问题,造成不可逆的损害后果。并且,行政相对人的人身自由受不当限制,往往无法及时寻求救济,亦容易造成损害的进一步扩大。对此,相对滞后的法院审判监督和抗诉监督均难以及时制约行政违法行为,无法阻止侵害或避免相对方身心损害的扩大。规范涉人身自由的具体行政行为,更需要检察机关进行直接性、及时性、能动性的法律监督。

对涉人身自由行政行为的检察监督,应区分不同类型的行政行为而选择不同的监督时点,采取有别的监督方式。对于盘问、传唤等实时性行政强制措施,因行为时限短、不法问题难以及时发现,且对相对人的损害较小,一般采取事后检察建议的方式。对于拘留审查等持续一定时间的行政强制措施,可采取事后纠正违法意见书的方式。因《中共中央关于加强新时代检察机关法律监督工作的意见》已将违反法定程序、超范围、超时限的行政强制措施作为行政违法检察监督的重点,因而在行政拘留审查等行政强制措施明显违反程序时,基于其对人身自由侵害的紧迫性,可探索试用事中同步监督的方式,以检察督促令敦促行政机关及时停止违法行为。对于行政拘留等时限较短的行政处罚,非治安性行政拘留是针对侵害环境、食品安

---

[1] 张智辉、洪流:《论让人身自由罚回归刑事司法体系》,载《湘潭大学学报(哲学社会科学版)》2018年第4期。

全等社会性法益的行为，对行为人进行人身限制，但对社会性法益的恢复并无明显帮助；而治安性行政拘留针对违反社会管理秩序的行为，行为人往往具有一定的人身危险性，对其人身自由进行限制具有紧迫性，可以阻断违法行为[1]。现阶段，检察机关对非治安性行政拘留宜采取执法备案审查机制，由行政机关在作出拘留处罚的同时，将有关材料报送检察机关备案，进行同步的法律监督。为避免影响行政机关对违反社会秩序行为的高效管控，检察机关对治安性行政拘留应主要采取事后检察建议或纠正违法意见书的监督方式。对于强制戒毒等持续时间长的行政处罚，检察机关则可以采取执法备案审查方式进行事中同步监督。

（二）部分可诉行政行为

以上主要是针对涉人身自由的行政行为，那么侵犯公民财产或其他主体财产权益的行政违法行为又应当如何监督呢？根据《行政诉讼法》第12条规定，对行政处罚、行政强制措施、行政许可、征收征用决定及补偿等12类具体行政行为，行政相对人有权向法院提起行政诉讼。行政相对人可通过诉讼维护合法权益的，检察机关一般采用抗诉对错误裁判进行后续监督，而不在诉讼之外单独对行政违法行为进行法律监督，即行政检察的谦抑性[2]。然而，部分可诉行政行为会对相对方的人身、财产权益造成严重侵害，甚至会扩大损害或带来不可逆的后果，单纯依靠相对滞后的行政诉讼予以审判监督难以及时制止行政违法和弥补损害时，则有必要采用更具主动性的监督方式。对

---

〔1〕 马迅：《非治安性拘留的理性扩张与法律规制——兼论人身自由罚的法治转轨》，载《行政法学研究》2019年第5期。

〔2〕 刘华英：《违法行政行为检察监督实践分析与机制构建》，载《暨南学报（哲学社会科学版）》2016年第8期。

第六章 新时代行政检察深化发展的运行框架构想

于此类行政违法行为,检察机关在谦抑性之外可以体现主动性,探索与诉讼并行的行政违法行为检察监督方式。具体而言,这些可诉的行政违法行为,主要涉及对个人、企业等行政相对方的权益造成严重损害的行政强制措施和行政处罚。

关于可诉的行政强制措施,最高检印发的《最高人民检察院关于贯彻落实〈中共中央关于全面推进依法治国若干重大问题的决定〉的意见》提出要建立对涉公民人身、财产权益行政强制措施的法律监督制度,各地检察机关亦进行了不同的实践探索。2008年以来,宁夏回族自治区检察机关推动诉讼外行政检察监督制度构建,明确行政机关在重大案件执法中,采取查封、扣押、冻结等强制措施的,应提请检察机关进行监督[1]。2015年江苏省宿迁市宿城区将检察机关可进行诉讼外监督的行政强制措施,明确为限制人身自由、处置财物、进入住宅三种类型。因人身自由涉及公民基本权利,故所有涉及人身自由的行政强制措施均可纳入行政违法检察监督的范围,前文亦有论证,在此不赘;涉及财产权益的行政强制措施,当前仅应将对个人、企业重大财产采取的查封、扣押、冻结等作为行政违法检察监督的对象。关于可诉的行政处罚,根据《行政诉讼法》第12条第1款第1项,对公民权益可能造成严重损害的主要是行政拘留等涉人身自由的行政处罚,检察机关当然可以采取直接监督的方式。对企业可能造成严重损害的,主要是吊销许可证和执照、责令停产停业。吊销许可证和执照会导致企业丧失生产经营许可,继而退出市场;而责令停产停业亦是对企业的严厉制裁,不仅涉及违法生产经营行为的改正,还包括合法生

---

[1] 肖中扬:《诉讼外行政检察监督顶层设计刍议——以"宁夏经验"为基点推动制度机制的构建》,载《人民检察》2015年第6期。

产经营的中断,企业将遭受人工、原材料及日常费用等严重经济损失[1]。违法适用吊销许可证和执照、责令停产停业的行政处罚,将对企业带来难以挽回的损失;而受到不当处罚的企业特别是民营企业,因是作出行政处罚的行政机关的管理对象,故往往不愿或不敢提起行政诉讼。对这些严重侵犯企业合法权益的违法行政处罚,检察机关有必要进行诉讼外的监督,弥补法院审判监督的不足,从而为企业的正常经营发展提供法律保障。

(三)可支持起诉的行政行为

行政相对方是被管理者或执法对象,与行政机关的地位、能力本就存在差异。老年人、妇女、儿童、残疾人、农民工等弱势群体,同行政机关相比更是力量悬殊,处于绝对的弱势,在合法权益遭到可诉行政行为侵害时,因不懂法律知识、欠缺经济能力或碍于行政机关地位,往往不知诉、不愿诉或不敢诉;即便起诉,在诉讼中与行政机关的对抗亦严重失衡。弱势群体对行政违法造成的损害寻求诉讼救济,亟需获得相应的外力支持。检察机关支持弱势群体起诉,主要出现在民事诉讼中,已为《民事诉讼法》认可并在各地推广实践。但是,弱势群体的行政起诉权更易受到侵犯或更难以实现。将支持起诉制度引入行政诉讼领域,从而通过诉讼监督行政违法行为、维护行政相对方的合法权益,将是行政检察推进完善的重要突破口[2]。

有学者认为,虽然《行政诉讼法》没有规定支持起诉制度,但《行政诉讼法》是以《民事诉讼法》为母本和规则不明之参照,既然《民事诉讼法》第15条已设立支持起诉制度,检察机

---

[1] 王贵松:《论行政处罚的制裁性》,载《法商研究》2020年第6期。
[2] 杨奕:《论民事行政诉讼检察监督体制的独立化发展》,载《中国人民大学学报》2012年第5期。

关亦可以针对弱势群体受到行政行为侵害的情形，探索支持弱势原告方提起诉讼[1]。支持弱势群体提起行政诉讼，既显示了检察机关通过参与诉讼制约行政机关的监督主动性，也体现了由诉讼审判对行政行为是否违法做出最终评判的检察谦抑性。关于支持起诉的范围，在人身自由受到行政违法行为侵犯时，弱势群体可以请求检察机关支持其提起行政诉讼，当然，也可以选择由检察机关在诉前对行政违法行为进行直接监督；财产权益受到行政行为不法侵害的，例如行政机关没有依法支付抚恤金、最低生活保障或社会保险的，相关弱势群体也可以向检察机关申请获得诉讼上的支持。

在支持起诉的方式上，检察机关可以向弱势群体提供法律咨询和专业帮助，引导当事人依法行使诉权，协助弱势原告进行调查取证；还可以向法院提交书面的支持起诉意见。但是，检察机关毕竟不是原告，一般不宜直接参与庭审举证质证和辩论，以免有代为诉讼之嫌。在支持起诉的程序上，检察机关原则上不宜主动启动支持起诉程序，而应依弱势群体的申请，经审查符合条件的，才开展支持起诉活动。检察机关支持弱势群体起诉，一是由于弱势群体受到行政违法行为侵害后难以自行诉讼救济，二是符合检察监督工作的实际。如果适用的范围太广，会分散检察机关的有限精力，影响监督的效率，也不利于提升监督质量，甚至可能导致有能力提起诉讼的行政相对方过度依赖检察机关，而怠于自行主动进行诉讼维权[2]。

---

〔1〕 秦前红、陈家勋：《打造适于直面行政权的检察监督》，载《探索》2020年第6期。

〔2〕 王蕾：《检察机关监督行政强制措施的现状与完善建议》，载《人民检察》2016年第6期。

三、逐步拓宽行政公益诉讼范围

提起行政公益诉讼，是检察机关行使法律监督权，针对特定领域监督行政机关违法履职或不作为，保护国家和社会公共利益的重要举措。也是检察机关作为具有公益性质的国家法律监督机关履行职责的应有之义。在民事公益诉讼中，除检察机关外，社会组织和个人也可以成为提起诉讼的主体。但根据《行政诉讼法》规定，当前我国可以提起行政公益诉讼的只有检察机关。而且，当法定情形出现时，检察机关是"应当"提起行政公益诉讼，而非"可以"。所以，为保护国家利益和社会公共利益，监督纠正行政机关依法履职或不作为，提起行政公益诉讼，是检察机关责无旁贷的职责。检察机关行使职权或依当事人申请，或在履职中发现。对在履行职责中的理解，应该与对涉及公民人身、财产权益行政违法行为中的把握相同，应该理解为囊括检察机关履行各项法律监督职责的过程中发现的所有案件线索。

要注重发挥好前置程序提出检察建议的监督功效，将诉前实现公益保护作为最佳监督效果。确定负有监督管理职责的行政机关不作为或违法履职后，检察机关应先发出检察建议，督促其依法履行职责；如行政机关在规定的期限内不纠正错误，检察机关即应提起行政公益诉讼。诉前程序的制度设计遵循了行政机关优位执法、检察机关补充监督的谦抑、有限监督原则，可以更高效、及时地纠正行政违法行为，更高效地实现保护国家和社会公共利益的初衷，更经济、有效地实现监督效果。因此，在深化行政公益诉讼工作中，依然要充分发挥诉前程序的监督功能。要加强行政公益诉讼与行政违法行为检察监督之间的衔接和配合，及时移送、实时共享在履职中发现的线索，加强协作，拓展行政公益诉讼案件来源，提升监督的效率。行政公益诉讼直接针对的是在相关领域负有监督管理职责的行政机关违法行使职权或者不作为的情形。目前的法律规定将行政公益诉讼限定在生态环境和资源保护、食品药品安全、国有财产保护、国有土地使用权出让这四个领域，但实际上，还有很多领域需要行政公益诉讼发挥监督作用；好在法律规定采用了不完全列举的方式，在条文中用了"等"字兜底，为以后在其他领域行政公益诉讼预留了空间。所以要积极探索、开展试点工作，不断积累和总结经验，力争早日拓宽行政公益诉讼范围，将公共卫生安全、道路安全等与国家利益和社会公共利益密切相关的领域纳入行政公益诉讼范围。

四、加强"两法衔接"机制作用发挥

我国政府管理的治安、税务、工商、产品质量检验、食品药品卫生、知识产权等领域，由行政执法机关查处整治相关违法行为；涉嫌犯罪的，则由行政执法机关将案件移送刑事司法机关追究刑事责任，是行政执法与刑事司法并行的双轨执法体制。受地方保护主义和部门保护主义，以及人情因素的干扰，有些执法机关存在慵懒执法、变通执法，对行政处罚与刑事处罚的证据标准因人而异、因事而变；也有的行政执法机关因能力水平问题，对具体证据标准的认识和把握还不到位、存在偏差，影响了实际工作中案件结果的路径选择。这些主客观原因都不同程度地导致了有法不依、执法不严、有案不移、以罚代刑等违规甚至违法的现象。针对这一情况，检察机关在建立健全衔接机制、监督促进行政机关依法执法等方面做了大量工作

和探索，取得了较好的成绩，促进了行政执法的规范化和廉洁化。《全面推进依法治国决定》明确提出了完善刑事司法和行政执法衔接的任务部署[1]，为进一步健全相关衔接机制，2021年最高检制定印发《最高人民检察院关于推进行政执法与刑事司法衔接工作的规定》，对相关机制予以进一步细化和明确。检察机关要严格落实规定要求，以立案监督为基点，加强对相关行政执法行为的监督，促进执法、司法规范化、廉洁化，切实解决执法不严、有案不移、以罚代刑等问题。

五、深入开展行政争议实质性化解

当前无论是行政复议和行政诉讼中行政争议解决的程序空转，还是行政争议解决中的"两高四低"现象[2]，都证明行政争议的依法及时化解，是当前一项迫切要解决的重要课题。行政检察案件背后涉及公共政策、公共秩序，关系到当事人的切身利益、关系到社会稳定，简单的纠错或者纠纷长时间得不到解决，不仅难以真正解决问题，还可能引发新的矛盾。因此，行政争议实质化解是检察机关融入社会治理、做实行政检察监督的重要方式[3]。行政争议实质性化解是检察机关助力法治建设的必然选择，是检察机关建设和谐社会与平安中国的重要路径，是检察机关服务国家治理效能提升的有力保障[4]。为解决行政

---

[1]《全面推进依法治国决定》指出："健全行政执法和刑事司法衔接机制，完善案件移送标准和程序，建立行政执法机关、公安机关、检察机关、审判机关信息共享、案情通报、案件移送制度，坚决克服有案不移、有案难移、以罚代刑现象，实现行政处罚和刑事处罚无缝对接。"

[2]"两高四低"是指行政案件的审判上诉率高、申诉率高、实体裁判率低、被告败诉率低、发回重审和改判率低、服判息诉率低。

[3] 傅国云在首届行政检察高质量发展论坛上的观点。

[4] 姜明安在首届行政检察高质量发展论坛上的观点。

案件得不到实体审理、行政争议得不到实质化解等突出问题，2019年10月最高检部署在全国检察机关开展为期一年的"加强行政检察监督促进行政争议实质性化解"专项活动，取得了良好的成效，人民群众对行政检察工作的获得感明显提升[1]。未来很长一段时间内，行政争议实质性化解必然是行政检察的工作重心与落脚点。

要将行政争议实质性化解与"穿透式"行政检察紧密结合，坚持法治思维和法治方式推进。要严格按照法律规定履职，对行政争议事实开展调查核实，如果行政机关确有违法情形，则应依法监督，促进依法行政，保护、修复公民、法人或其他组织的合法权益。如果行政机关的行为合法，也应当依法对行政行为予以支持。坚决杜绝为了"化解"而"化解"，以牺牲法律权威和行政权威、损害法制秩序为代价换取"息事宁人"，追求虚假工作成绩。要通过行政争议实质性化解，开展诉源治理，对纠纷进行彻底的整治或化解，以政策参与者的身份，实现与行政机关、审判机关的良性互动[2]。

受立法和实践局限，行政争议实质性化解工作最开始立足于行政诉讼监督工作提出，目前也主要依托于行政诉讼监督工作开展。根据《行政诉讼法》，解决行政争议是行政诉讼的目标之一；而检察机关履行行政检察监督职责，在实现法律监督目标的同时，自然能够也应当发挥化解争议的功能。要积极探索，打破只在行政诉讼检察监督中推进行政争议实质性化解的局限，探索发挥行政违法行为监督在行政争议实质性化解中的积极作

---

[1] 张立新、刘浩、郭磊：《"加强行政检察监督 促进行政争议实质性化解"典型案例解析》，载《人民检察》2021年第15期。

[2] 舒平安：《行政争议实质性化解的现状与出路——以最高人民检察院典型案例为研究对象》，载《中国检察官》2021年第21期。

用。行政违法行为检察监督是针对行政行为的直接性监督，有助于及时制止违法行为；也是可以在事前、事中、事后进行的能动性监督，为行政相对方提供全面的保护；更是集检察建议、纠正违法意见书、督促令、备案审查、支持起诉等方式于一体的多元性监督，能更好地实现行政争议的实质性化解。化解行政争议、矛盾，促进依法行政，是依法治国的重要内容，也是国家治理体系和治理能力现代化的基本要求。行政争议的实质性化解，需对行政违法行为进行充分、有效的监督。长期以来所采用的法院审判等监督方式，在化解行政争议方面并没有取得预期的效果。实践中，进入行政诉讼的案件占行政争议总量的比重很低，而诉讼审判后的申诉上访比例又较高。因此，行政争议的化解需要寻求更多元的行政检察监督方式[1]。就检察机关在治理体系和治理能力现代化所处地位而言，行政争议实质性化解这一目标更显重要[2]。

  探索抗诉之外的行政违法行为检察监督，即是实现行政争议实质性化解目标的重要举措。检察机关在监督行政违法行为实践中，在原有监督方式的基础上，正逐步探索更加多元的监督方式。除检察建议等柔性监督方式外，检察机关还采用纠正违法意见书、督促令等方式。对于行政违法作为或不作为造成的对人身自由、财产侵害具有严重性、紧迫性的，或者造成的损害难以弥补或不可逆的，有必要采取督促令状方式实时要求纠正。《全面推进依法治国决定》及《人民检察院组织法》关于检察机关应督促行政机关纠正违法行使或不行使职权的表述，

---

[1] 解志勇：《行政检察：解决行政争议的第三条道路》，载《中国法学》2015年第1期。

[2] 姜明安：《论新时代中国特色行政检察》，载《国家检察官学院学报》2020年第4期。

为探索检察督促令提供了政策和法律依据[1]。此外，就某类行政执法材料报送检察机关的备案审查机制，以及针对特殊行政相对人的支持起诉，亦是行政违法行为检察监督的可选方式。这些监督方式既涉及柔性的建议和意见形式，易为行政机关所接受并自我纠正；也有执法材料同步备案审查机制，对行政活动的日常开展施以无形制约；亦有较为刚性的督促令状，对行政相对人人身自由、财产损害进行实时救济，避免损害扩大而致矛盾加深；还包括支持弱势群体提起行政诉讼的方式，促使当事双方在诉讼中平等对抗，真正消除矛盾。行政违法行为检察监督的多元方式，有利于促进行政争议的实质性化解。诉源治理内嵌于行政争议的实质化解中，与行政争议实质性化解形成层层递进关系[2]。

第三节 建立完善的工作机制和保障体系

一、设置科学合理的监督程序

只有将法律实体性目标置于程序性逻辑框架中，才能实现其实践意义[3]。科学合理设置监督程序，是行政检察监督有效开展的有力保证。

（一）发现程序

当事人申请和检察机关在履职中发现，是启动行政检察监

---

[1] 王玄玮：《行政强制措施检察监督研究》，载《云南大学学报（社会科学版）》2018年第5期。

[2] 姬亚平、燕晓婕：《检察机关参与行政争议诉源治理的理据与工作机理》，载《人民检察》2021年第15期。

[3] 谢晖：《论法律程序的实践价值（上）》，载《北京行政学院学报》2005年第1期。

督的两个主要渠道,都属于行政检察案件办理的发现程序。其中,在履职中发现体现了行政检察监督的主动性,在新时代行政检察中发挥着越来越重要的作用。因此,要准确把握在履职中发现的内涵,不断完善在履职中发现的程序,拓展渠道,确保行政检察监督不缺位。对履行职责中的理解应如前所述,涵盖检察机关履行行政、刑事、民事等领域职责的所有过程,包括受理控告、举报、申诉,以及人大、监察等部门向检察机关移送等与履职相关的领域。

(二)调查核实程序

调查核实是检察机关在履行职责过程中,为查明案件情况、收集相关证据,按照法定程序进行的专门活动以及采取的相关措施。为精准监督、提升办案时效,最高检在《人民检察院行政诉讼监督规则》中,专门用一节的篇幅对调查核实作出规定。适用条件方面,该程序适用于行政行为可能违法、行政相对人合法权益未得到依法实现的情形;内容方面,可以询问当事人、知情人或者其他相关人员;具体形式方面,可以采用委托鉴定、评估、审计、勘验物证、现场等方式;拒绝或者妨碍调查核实的,检察机关可以采用检察建议的方式,责令有关单位予以纠正,必要时通报同级政府、监察机关。涉嫌违纪违法犯罪的,移送有关机关。调查核实要坚持依法原则、必要性原则,秉持谦抑性,不得随意扩大范围、增加手段,损害公民合法权益,特别要注意保守国家秘密和工作秘密、保护商业秘密和个人隐私[1],不得采取限制人身自由和查封、扣押、冻结财产等强制性措施。要适时增强调查核实权的刚性,对拒绝或者阻挠检察机关行使调查核实权的给予责任追究,以确保调查核实权的有

---

[1] 陈朝晖:《行政检察调查核实权研究》,载《法制博览》2020年第33期。

效行使。

(三) 审查处理程序

为确保案件审查处理质量,最高检建立了案例强制检索制度,并通过《人民检察院行政诉讼监督规则》予以明确规定。根据规定,办理行政诉讼监督案件,不仅要全面检索相关的指导性案例,还必须在审查终结报告中对相关案例作出说明。这对统一办案标准、提高监督质量具有非常有益的助推作用。经审查,确实存在违法且需要监督纠正的行政行为,检察机关应按照工作流程向相关行政机关出具书面文书,督促其纠正错误,依法履职;行政机关应当在规定时间,书面向检察机关回应、回复。

(四) 公布程序

为践行以人民为中心的司法理念,更好满足人民群众对美好生活的向往、对法治的更高追求,让人民群众在检察机关案件办理中感受到公平正义,检察机关大力打造开放型检察,进一步加强社会公众和舆论的监督作用,同时也畅通了人民群众、媒体等为行政检察提供线索的渠道。当前,最高检开设了12309中国检察网,设有案件信息公开、网上信访、代表委员联络、办事指南等多个专栏,实现了网上案件查询和申诉、控告、举报、提供公益诉讼线索、申请阅卷、会见等事项的办理,并对重要案件信息、法律文书予以公开,搭建了沟通和业务办理平台,畅通了线索来源和信息公开的渠道,方便了案件当事人,提高了工作效率,提升了检察公信力。要在行政检察监督中发挥好这一平台的重要作用,在合法合理前提下,加强行政检察的公开透明度。

(五) 公开听证程序

举行公开听证,是检察机关践行司法民主、司法为民理念的一项改革举措，是组织当事人互动、引导公众参与，"开门办案"的新型办案方式，有利于更好保障当事人知情权、参与权和监督权。进行听证的行政监督案件通常历经多个法律程序，法律关系复杂，当事人对立情绪严重。通过公开听证，可以消除当事人的误解[1]，同时弥补行政诉讼开庭审理不充分的缺陷，为申请人提供表达主张、展示证据、论述依据的机会，缓解当事人对立情绪，促使其解开心结，最大限度凝聚共识[2]，促成以和解方式解决行政争议。公开听证程序全过程公开，为此，最高检专门建立了中国检察听证网，作为检察听证对外公开的平台，长期开放，接受社会监督，各地的听证案件都通过此平台进行直播。为确保社会公众的有效参与，对听证员的选择注重知识、阅历的互补性、差异性，对于专业性强的案件，特别邀请有相应专业背景、具有专门知识的人参加，且每场听证会都必须邀请人民监督员参加，以增强听证活动的公信力和认同度。要用活用好这一方式，不断深化规律性认识，增强公开听证的准确性、针对性、时效性，进一步完善《人民检察院审查案件听证工作规定》，明晰案件范围，完善直播程序，以更好地提升检察监督的权威性。

二、综合运用多样化的监督手段

实践中，要灵活运用检察建议、纠正违法通知书、支持起诉、抗诉等手段，强化监督的多元手段，将各监督环节、监督

---

[1] 张相军：《关于做好新时代行政检察工作的思考》，载《中国检察官》2019年第7期。

[2] 张步洪、马睿：《行政检察公开听证典型案例解读》，载《人民检察》2021年第13期。

第六章 新时代行政检察深化发展的运行框架构想

方式有机地结合起来,衔接配合,提升整体监督力度和效率,发挥监督的综合效能[1]。

(一)检察建议

检察建议是一种历史较为悠久的监督手段。早在2009年最高检就颁布了相关的工作规定[2],对检察建议的对象、适用情形、行使程序都作出了规定。检察建议是人民检察院依法履行法律监督职责、参与社会治理、促进依法行政的重要方式。检察机关在履行行政检察监督职责时,以书面建议的形式对有关行政主体在管理、法律实施等方面存在的错误或隐患,予以提醒、纠正或完善的监督形式。因其具有的灵活性和适用范围的广泛性,而在行政检察监督中广泛应用[3]。根据《人民检察院检察建议工作规定》,依据不同适用情形,检察建议可以分为五类,具体包括再审检察建议[4]、纠正违法检察建议[5]、公益

---

[1] 郑新俭:《推进行政违法行为检察监督》,载《人民检察》2016年第11期。

[2] 最高检2009年印发了《人民检察院检察建议工作规定(试行)》,2019年公布了《人民检察院检察建议工作规定》。

[3] 王玄玮:《行政权检察监督的法理分析和制度设计》,载《云南师范大学学报(哲学社会科学版)》2011年第4期。

[4] 《人民检察院检察建议工作规定》第8条规定:"人民检察院发现同级人民法院已经发生法律效力的判决、裁定具有法律规定的应当再审情形的,或者发现调解书损害国家利益、社会公共利益的,可以向同级人民法院提出再审检察建议。"

[5] 《人民检察院检察建议工作规定》第9条规定:"人民检察院在履行对诉讼活动的法律监督职责中发现有关执法、司法机关具有下列情形之一的,可以向有关执法、司法机关提出纠正违法检察建议:(1)人民法院审判人员在民事、行政审判活动中存在违法行为的;(2)人民法院在执行生效民事、行政判决、裁定、决定或者调解书、支付令、仲裁裁决书、公证债权文书等法律文书过程中存在违法执行、不执行、怠于执行等行为,或者有其他重大隐患的;(3)人民检察院办理行政诉讼监督案件或者执行监督案件,发现行政机关有违反法律规定、可能影响人民法院公正审理和执行的行为的;(4)公安机关、人民法院、监狱、小区矫正机构、强制医疗执行机构等在刑事诉讼活动中或者执行人民法院生效刑事判决、裁定、决定等法律文书过程中存在普遍性、倾向性违法问题,或者有其他重大隐患,需要引起重视予以解决的;(5)诉讼活动中其他需要以检察建议形式纠正违法的情形。"

诉讼检察建议[1]、社会治理检察建议[2]、其他检察建议[3]，都可以应用于行政检察监督之中。对于人民检察院在办理案件中发现的不同情况，要严格对照《人民检察院检察建议工作规定》的指引，选择适合的检察建议（具体参照标准，详见脚注）。检察建议是实质性化解行政争议最常用的手段，也是最有效的手段；既可以发给行政机关，也可以发给相关社会组织；既可以用于个案，也可以用于类案。因其较抗诉更为柔和、易于被监督者接受，且覆盖面广泛，大大提升了行政检察纠正违法、参与社会治理的空间，为行政检察发挥更积极作用搭建了广阔平台。但由于缺乏刚性，检察建议的监督实效有时会打折扣。最高检印发《人民检察院检察建议督促落实统管工作办法》进一

---

[1]《人民检察院检察建议工作规定》第10条规定："人民检察院在履行职责中发现生态环境和资源保护、食品药品安全、国有财产保护、国有土地使用权出让等领域负有监督管理职责的行政机关违法行使职权或者不作为，致使国家利益或者社会公共利益受到侵害，符合法律规定的公益诉讼条件的，应当按照公益诉讼案件办理程序向行政机关提出督促依法履职的检察建议。"

[2]《人民检察院检察建议工作规定》第11条规定："人民检察院在办理案件中发现社会治理工作存在下列情形之一的，可以向有关单位和部门提出改进工作、完善治理的检察建议：（1）涉案单位在预防违法犯罪方面制度不健全、不落实，管理不完善，存在违法犯罪隐患，需要及时消除的；（2）一定时期某类违法犯罪案件多发、频发，或者已发生的案件暴露出明显的管理监督漏洞，需要督促行业主管部门加强和改进管理监督工作的；（3）涉及一定群体的民间纠纷问题突出，可能导致发生群体性事件或者恶性案件，需要督促相关部门完善风险预警防范措施，加强调解疏导工作的；（4）相关单位或者部门不依法及时履行职责，致使个人或者组织合法权益受到损害或者存在损害危险，需要及时整改消除的；（5）需要给予有关涉案人员、责任人员或者组织行政处罚、政务处分、行业惩戒，或者需要追究有关责任人员的司法责任的；（6）其他需要提出检察建议的情形。"

[3]《人民检察院检察建议工作规定》第12条规定："对执法、司法机关在诉讼活动中的违法情形，以及需要被不起诉人给予行政处罚、处分或者需要没收其违法所得，法律、司法解释和其他有关规范性文件明确规定应当发出纠正违法通知书、检察意见书的，依照相关规定执行。"

第六章 新时代行政检察深化发展的运行框架构想

步明确要求,力争把检察建议"做成刚性、做到刚性"[1]。收到检察建议的单位在规定期限内正当理由不纠错的,可以通报被建议单位的上级机关、主管部门或者行业自律组织等,必要时可以报告同级党委、人大,通报同级政府、纪检监察机关。新时代行政检察要精准、规范使用检察建议,刚柔并济,充分发挥检察建议的监督优势。

(二)纠正违法通知书

纠正违法通知书是督促行政执法主体改变特定违法行为的监督方式,主要在《人民检察院组织法》《刑事诉讼法》中予以规定,用以督促行政主体纠正违法行为。其与检察建议使用方法相似,但是在适用范围、程序等方面存在差异。长期以来,纠正违法通知书主要适用于行政机关涉及刑事领域的违反法律羁束性规定的情形,通常适用于对侦查机关、执行机关以及审判机关的严重违法情形提出纠正意见,较少运用到行政检察当中,近年逐渐运用到行政检察实践。最高检曾在《人民检察院劳教检察工作办法(试行)》(已废止)中规定,检察机关对劳动教养执行过程中的违法行为可以提出纠正意见[2],通过发出纠正违法通知书,直接要求行政机关改变违法行为。实践中,存在着检察建议和纠正违法意见相混用的现象。如果行政检察部门在办理行政检察监督案件过程中,发现审判人员或其他相关人员可能存在渎职行为,但又不构成犯罪的,应及时将线索移送纪检监察部门,同时也可以采用纠正违法通知书的方式对有关人员进行监督,这在法理和实践方面不存在任何障碍。纠

---

[1] 徐日丹:《刚性的检察建议才有力量》,载最高检官网,https://www.spp.gov.cn/spp/zdgz/202008/t20200805_475444.shtml,最后访问日期:2023年11月30日。

[2] 参见《人民检察院劳教检察工作办法(试行)》(已废止)第25、29条。

正违法意见具有一定的强制性,强制力同检察建议基本相当。但由于法律对这一监督方式缺乏明确的规定,在实际履职中检察机关应该多积累经验,逐渐将工作流程和具体要求固化成为规定,为加强行政检察监督效力提供制度保障。

(三) 行政执法备案

行政执法备案指行政执法部门作出具体的行政行为后,将相关材料报送到有关机关备案记录,以供审查监督的制度。检察机关依监督职权对已备案的行政执法文书进行审查[1]。目前,一些地方政府已经建立了行政执法备案监督制度。如2018年8月山西省建立行政执法信息共享平台,有关行政执法单位通过共享平台,向检察机关开放行政执法信息数据库,取得了良好的法律监督效果。要加强行政检察数字化应用技术建设,在合理范围内,不断拓展咨询服务平台覆盖面,提高数据流通性与共享性,提升权力监督的智能化水平,拓展行政检察线索来源,提升监督的时效性。

(四) 支持起诉

支持提起行政诉讼是在公民、法人或其他组织的合法权益遭受侵害,且受侵害主体无能力或由于客观情况不能提起诉讼时,由检察机关支持其提起行政诉讼、维护合法权益的制度。《最高人民检察院关于加强民事行政检察工作若干问题的意见》为该制度提供了依据[2]。针对不同情况,检察机关可以通过提

---

[1] 姚来燕:《关于行政执法检察监督的立法设想》,载《东方法学》2013年第1期。

[2] 《最高人民检察院关于加强民事行政检察工作若干问题的意见》(2001年第一次全国民事行政检察工作会议讨论通过)中提出,要积极稳妥地开展支持起诉工作。对侵害国家利益、社会公共利益的案件,支持有起诉权的当事人向人民法院提起民事、行政诉讼。

供法律咨询，指导公民、法人或其他组织收集证据；或检察机关直接依法调查取证，通过向法院提交支持起诉意见书，派员作为代理人参加庭审，对案件进行跟踪等方式，提供必要的支持和帮助。

（五）行政抗诉

行政抗诉是指检察机关对符合法定条件的已经生效行政裁判，以及损害国家利益或者社会公共利益的行政调解书，按照法定程序和审级，提请上级检察机关抗诉或提出抗诉。以抗诉为核心的行政诉讼检察监督，不仅是对法院审判权的直接监督，也是对行政执法行为的监督，发挥着既监督审判机关公正司法又推进行政机关依法行政的"一手托两家"作用。抗诉是行政检察最传统的业务方式，也是所有行政检察监督中最具刚性的方式。关键时刻可以发挥定海神针、扭转乾坤的作用；但基于行政诉讼客观情况和检察机关行政监督力量和队伍格局现状，要以做优做强为目标，掌握好办案数量与办案质量之间的平衡。

（六）行政公益诉讼

行政公益诉讼制度，与通过监督法院对行政案件的审判权而间接实现对行政行为监督的方式完全不同，监督的对象直指行政权，是直接对行政违法行为进行的监督，是对传统诉讼模式的飞跃式变革。按照当前检察机关的机构设置，履行行政公益诉讼职能的部门为公益诉讼检察部门，同行政检察部门分设，更多通过国家公诉权体现公益，但这并不影响其作为以检察权为视角讨论的行政检察的重要组成部分，也丝毫不影响其在监督行政行为方面发挥的实际功效。就具体案件而言，在法定必要的诉前程序无效的情况下，检察机关应提起行政公益诉讼来维护国家利益以及社会利益[1]，这是对前置纠错程序的强化。行政检察监督要用好行政公益诉讼这一有力的工具。一方面要逐渐拓宽监督领域，突破现有生态环境和资源保护等四个领域的限制；另一方面要不断探索完善，通过制度化、规范化破解认定主体难、确定管辖难、调查取证难、司法鉴定难、法律适用难等问题，同时加大行政违法行为监督与行政公益诉讼两者之间的衔接协作。

（七）对策建议、监督通报、行政检察白皮书等

用好对策建议、行政检察监督通报、行政检察白皮书等手段，善于通过个案总结一类案件存在的共性问题、突出问题，跳出"个案"看"类案"，向源头治理、系统治理、综合治理延伸。通过对监督情况进行年度分析或专题分析，提出有针对性、实效性的意见建议，形成执法监督报告、监督通报、专题报告或者行政检察的白皮书等，根据不同工作需要，送审判机关、政府、人大等部门参阅，向社会公众发布。立足司法办案参与社会治理，当好党委政府的法治参谋[2]，发挥对相关领域监督治理的借鉴引领作用。其中，对策建议主要是帮助被监督单位健全完善工作，解决行政执法工作不规范等问题。2019年，福建省人民检察院针对办案中发现的没收违章建筑物案件中存在执行工作不规范的共性问题，在开展专项调研的基础上形成了关于没收违章建筑物不规范处置问题及对策建议的报告，呈报

---

[1] 王红建：《行政诉讼法新增"行政公益诉讼"条款，看点在哪里？》，载中国政法大学法治政府研究院官网，http://fzzfyjy.cupl.edu.cn/info/1038/7147.htm，最后访问日期：2023年11月30日。

[2] 张军：《全面贯彻习近平总书记重要讲话精神　推动各项法律监督工作全面协调充分发展》，载最高检官网，https://www.spp.gov.cn/spp/tt/201901/t20190117_405625.shtml，最后访问日期：2023年11月30日。

第六章　新时代行政检察深化发展的运行框架构想

省政府，得到领导的批示肯定，并以此为契机将此领域的监督纳入了行政检察与行政执法的衔接范围[1]。北京市人民检察院自2011年开始，连续就上年度行政检察办案中发现的突出问题和共性问题，向市高级法院发出诉讼监督通报，对规范诉讼活动取得了良好成效[2]。行政检察白皮书通常是向社会发布，受众范围广，影响相对较大。2020年山东省人民检察院发布《山东行政检察监督情况报告（白皮书）》。总结了2018~2019年行政检察工作取得的成绩，同时也剖析了在履行行政检察职权中发现的问题，提出了相应的对策建议[3]。2022年，重庆市人民检察院发布了《2021年重庆市知识产权检察白皮书》，整合刑事、民事、行政三部门检察职能，推行"一案三查"办案机制，构建知识产权检察保护新模式，努力为重庆高质量发展提供有效司法保障[4]。这都对提升行政检察监督效力、促进法院规范诉讼活动、促进行政机关依法行政发挥了积极作用。

---

[1] 根据省政府领导的批示，福建省自然资源厅对首期52起案件逐案调查反馈，并会签《关于建立自然资源行政执法与行政检察相衔接工作机制的意见》，把没收行政违法建筑物行政处罚纳入了行政检察与行政执法的衔接范围。
[2] 张昊天：《践行理念变革引领行政检察创新发展》，载《中国检察官》2020年第1期。
[3] 杨璐：《山东首次发布行政检察监督白皮书，两年受案3355件》，载澎湃新闻 https://m.thepaper.cn/newsDetail_forward_7361364，最后访问日期：2023年11月30日。
[4] 《关注！重庆发布2021年知识产权检察白皮书》，载中国国际贸易促进委员会官网，https://www.ccpit.org/a/20220317/202203179ei2.html，最后访问日期：2023年11月30日。

三、加强法律保障和配套制度机制建设

(一) 加强法律授权

1. 修改《人民检察院组织法》

现行《人民检察院组织法》对行政执法监督规定得较为笼统,范围限于监狱、看守所的执法活动,没有更具体的列举[1],明显不适应当前中央对行政检察的部署要求以及行政检察实务发展实际,不利于检察机关法律监督功能的充分实现;同时,近十多年来法治和司法建设实践探索的成果也没有体现,一些有益的改革和做法仍旧处于没有法律依据的尴尬境地,严重影响了行政检察的监督效果。仅有散见于《人民警察法》《治安管理处罚法》等法律中的少量规定,在监督领域上受较大局限,仅能提供个别领域行政检察监督依据。建议最好通过修改《人民检察院组织法》,对检察机关行政执法领域进行全面监督作出规定,构建我国行政检察监督的法律基础。既要清晰地规定检察机关监督行政执法活动的职权,也应当规定行使权力的程序和相应手段。

2. 整合修改现有法律规定,制定人民检察院法律监督法

有检察工作者和学者建议制定人民检察院法律监督法,进一步规范检察机关全面履行监督职能,解决相关监督依据散见

---

[1]《人民检察院组织法》第20条规定:"人民检察院行使下列职权:(1)依照法律规定对有关刑事案件行使侦查权;(2)对刑事案件进行审查,批准或者决定是否逮捕犯罪嫌疑人;(3)对刑事案件进行审查,决定是否提起公诉,对决定提起公诉的案件支持公诉;(4)依照法律规定提起公益诉讼;(5)对诉讼活动实行法律监督;(6)对判决、裁定等生效法律文书的执行工作实行法律监督;(7)对监狱、看守所的执法活动实行法律监督;(8)法律规定的其他职权。"

第六章 新时代行政检察深化发展的运行框架构想

于各部门法、法律位阶错位、互相之间不协调等问题[1]。通过制定人民检察院法律监督法,可以全面梳理检察权,对现有散见于各部门法中的条文系统整合,对不合时宜的条文修改和完善。同时,将重要的制度、成熟的做法和好的做法上升到法律层面予以规定;以法律的形式系统界定检察权各项权能,完善行政检察的职能职权、行使职权的程序、路径;将监督中遇到的法律依据不足的问题,尽量都纳入到法治化轨道予以解决,最大限度减少非法治化监督对行政权产生的干扰以及产生的行政检察对行政执法监督的乏力状态。

特别是对于当前争议较大的行政违法行为检察监督,建议在人民检察院法律监督法中,以抽象规定加肯定列举的模式明晰监督范围。除此之外,人民检察院法律监督法也可以对通过检察建议纠正违法行为等具体举措的后续措施作出明确规定。由于现有监督手段普遍刚性不足,是否接受并按要求整改的主动性完全掌握在被监督方手中,检察机关缺乏有效的后续措施进行督促,极易导致监督最后流于形式、不了了之。有学者建议构建"监督之诉",如果被监督主体不纠错,检察机关可以直接向法院提起诉讼;或者直接赋予检察机关提请行政问责权,直接向政府或有关部门对相关人员进行行政问责[2]。笔者认为,这种方式过于激进,且丧失了检察机关法律监督权程序性

---

[1] 王祺国:《应当立一部法律监督法》,载《人民检察》1994年第10期;徐盈雁:《法律监督缺乏统一立法弊端多——浙江省检察院检察长陈云龙代表建议制定中华人民共和国法律监督法》,载《检察日报》2010年3月8日,第7版;岳德亮、黄深钢:《制定法律监督法让检察机关敢监督会监督》,载《中国人大》2010年第13期;张雪樵:《法律监督法的基本架构设想》,载《人民检察》2011年第9期。

[2] 秦前红、王天鸿:《国家监察体制改革背景下检察权优化配置》,载《理论视野》2018年第8期。

权力的独有优势。

(二)健全完善借助"外脑"机制

面对纷繁复杂的行政管理领域、对于较为专业的行政行为，检察人员的知识结构和储备出现短板是情理之中的，为了确保行政检察监督的专业性、准确性、客观性和公正性，可以指派、聘请"有专门知识的人"参与办案，这样就解决了在专业领域的知识危机。2018年最高检公布了《最高人民检察院关于指派、聘请有专门知识的人参与办案若干问题的规定（试行）》[1]，为行政检察借助外脑提供了有力制度保障。要充分利用、积极发挥"有专门知识的人"的知识储备、专业素养，解决行政检察监督中的难点、堵点，增强行政检察监督的专业性和权威性。除了聘请"有专门知识的人"，还可以将检察机关与审判机关、纪检监察机关、行政机关、人大等的工作衔接机制延伸，召开多方共同参与的定期或不定期的联席会议，并邀请理论界专家学者共同参与，就构建法治政府、促进依法行政领域的热点难点问题，或者近期有重大社会影响的问题等进行咨询、评议、分析，提高认识，增进共识。

---

[1]《最高人民检察院关于指派、聘请有专门知识的人参与办案若干问题的规定（试行）》第1条规定："为了规范和促进人民检察院指派、聘请有专门知识的人参与办案，根据《中华人民共和国刑事诉讼法》《中华人民共和国民事诉讼法》《中华人民共和国行政诉讼法》等法律规定，结合检察工作实际，制定本规定。"第12条规定："人民检察院在对公益诉讼案件决定立案和调查收集证据时，就涉及专门性问题的证据材料或者专业问题，可以指派、聘请有专门知识的人协助开展下列工作：（1）对专业问题进行回答、解释、说明；（2）对涉案专门性问题进行评估、审计；（3）对涉及复杂、疑难、特殊技术问题的鉴定事项提出意见；（4）在检察官的主持下勘验物证或者现场；（5）对行政执法卷宗材料中涉及专门性问题的证据材料进行审查；（6）其他必要的工作。"第13条规定："公益诉讼案件法庭审理中，人民检察院可以申请人民法院通知有专门知识的人出庭，就鉴定人作出的鉴定意见或者专业问题提出意见。"

第六章 新时代行政检察深化发展的运行框架构想

(三) 建设"智慧检务"

"智慧检务"是运用人工智能科学技术,依据检察机关司法运作规律,实现检察机关司法办案信息化、智能化的一项重大变革,是"大数据+司法"在检察监督领域的生动运用。行政检察的实践表明,在大量纷繁复杂的案件中,特别是同类型、同性质的案件中,都具有一些共性的问题或规律,通过对大数据的分析,能够更好地总结和归纳。按照学者构想,通过"智慧检务",可以建立行政诉讼、行政执法案件模型,智能确定案件线索范围;可以量化案件的审查标准,建立类型化的处理模式,为行政检察监督提供预判和参考;甚至可以自主分析行政裁判文书,并智慧对应相应的检察文书[1]。这种设想目前是理想化的,鉴于审判行为和行政检察监督行为的复杂性,运用"智慧检务"很难复刻和精准演绎司法官对法律适用的自由裁量;但是其发现、分析案件线索的功能对行政检察仍大有裨益。在发展人工智能的同时,要正确处理人工智能与自然智能之间的关系:人工智能仅能发挥辅助作用,不能替代自然智能,不能依据人工智能解决对证据的实质性判断等重要问题。

建设"智慧检务",首要的是破除信息壁垒。在坚持保密原则的前提下,打通审判机关、行政机关、纪检监察机关之间的信息流通渠道,拓宽数据流通的深度和广度,实现真正的数据共享。要加强检务系统建设,深化全国检察机关业务应用系统的应用。依托各地正在运行的衔接平台,运用大数据、人工智能等现代科技信息手段,加强对行政执法情况的分析,及时发现行政机关违法行使职权或者不行使职权的线索,提升行政违

---

[1] 李傲、章玉洁:《论智慧检务在行政检察中的法治难题及其应对》,载《齐鲁学刊》2020年第5期。

法行为监督实效。

(四) 加强行政检察队伍建设

要加强行政检察队伍人员力量的配置,提供人才保障。应当提升各级检察机关对行政检察重要性的认识,对应其在"四大监督"中的重要地位,科学测算新增工作量,配备足够人员力量。加强基层检察院队伍建设和机构建设,尽量实现行政检察办案力量的固定化、专门化;加大吸收、引进人才的力度,优化行政检察队伍结构。

应对行政检察监督领域宽、范围大、涉及面广等特点,突出加强行政检察队伍专业化建设。要加大教育培训规模、加强分级分类培训、加强岗位练兵,全面提升行政检察人员的法律政策运用能力、群众工作能力、风险防控能力、舆论引导能力[1]。

为构建不同层级的行政检察部门分工负责、上下联动、全面履职的格局,根据监督职权分别明确四级检察机关的工作侧重点。最高检和省级检察院重点办理对生效行政裁判结果进行监督的案件;市级检察院重点负责办理对一审生效行政裁判监督的案件、对审判活动违法监督的案件、对同级法院行政执行活动监督的案件等;基层检察院则重点办理除生效行政裁判监督外的其他类型案件,并根据各级院案件办理侧重点,确定培训和考核重点。

---

[1] 张相军:《关于做好新时代行政检察工作的思考》,载《中国检察官》2019年第7期。

参考文献

期　刊

王玄玮：《行政权检察监督的法理分析和制度设计》，载《云南师范大学学报（哲学社会科学版）》2011年第4期。

王玄玮：《行政强制措施检察监督研究》，载《云南大学学报（社会科学版）》2018年第5期。

王玄玮：《论检察权对行政权的法律监督》，载《国家检察官学院学报》2011年第3期。

王守安、田凯：《论我国检察权的属性》，载《国家检察官学院学报》2016年第5期。

王利明：《民法上的利益位阶及其考量》，载《法学家》2014年第1期。

王洪宇：《行政检察监督方式的法律思考》，载《法学家》2000年第2期。

王春业：《论行政强制措施的检察监督——以涉及公民人身、财产权益的行政强制措施为对象》，载《东方法学》2016年第2期。

王贵松：《论行政处罚的制裁性》，载《法商研究》2020年第6期。

王祺国：《行政公诉探讨》，载《政治与法律》1987年第3期。

王祺国：《应当立一部法律监督法》，载《人民检察》1994年第10期。

王戬：《法律监督权：我国检察权的本质属性》，载张智辉主编：《中国检察——法律监督与检察工作机制》（第14卷），北京大学出版社2007年版。

王蕾：《检察机关监督行政强制措施的现状与完善建议》，载《人民检察》2016年第6期。

王晓苏：《关于我国当代检察权法理定位及权能配置模式的思考》，载孙谦、张智辉主编：《检察论丛》（第6卷），法律出版社2003年版。

王学成、曾翀：《我国检察权制约行政权的制度构建》，载《行政法学研究》2007年第4期。

石少侠：《论我国检察权的性质——定位于法律监督权的检察权》，载《法制与社会发展》2005年第3期。

田夫：《检察院性质新解》，载《法制与社会发展》2018年第6期。

田力、郝明、田东平：《行政检察的对象和方式辨析》，载《人民检察》2012年第15期。

田凯：《检察机关开展行政执法监督的理论分析与制度设计》，载《人民检察》2006年第21期。

田凯：《行政检察制度初论》，载《人民检察》2014年第11期。

朱孝清：《中国检察制度的几个问题》，载《中国法学》2007年第2期。

朱孝清：《国家监察体制改革后检察制度的巩固与发展》，载《法学研究》2018年第4期。

江国华、王磊：《行政违法行为的检察监督》，载《财经法学》2022年第2期。

李世豪、罗重一：《行政检察监督的特征界定与机制完善》，载《学习与实践》2020年第6期。

李傲、臧荣华：《略论我国的行政检察原则》，载《法学评论》2014年第5期。

李傲、章玉洁：《论智慧检务在行政检察中的法治难题及其应对》，载《齐鲁学刊》2020年第5期。

李经验、马晴：《行政检察监督背景下调查核实权的完善研究——基于行政检察与行政公益诉讼的分立与融合关系》，载《攀登》2021年第1期。

肖中扬：《诉讼外行政检察监督顶层设计刍议——以"宁夏经验"为基点推动制度机制的构建》，载《人民检察》2015年第6期。

肖中扬：《论新时代行政检察》，载《法学评论》2019年第1期。

参考文献

肖金明：《建构、完善和发展我国行政检察制度》，载《河南社会科学》2011年第6期。

肖建华：《刍议建立民事审判程序内部检察监督机制》，载《人民检察》1996年第10期。

吕涛：《行政检察新论》，载《人民检察》2015年第2期。

吴世东：《新发展阶段做实行政检察工作的方法和路径》，载《人民检察》2021年第19期。

吴弘鹏：《从台湾地区检察官之属性定位及法律规范探讨其公共利益代表性》，载《海峡法学》2018年第4期。

何海波：《论行政行为"明显不当"》，载《法学研究》2016年第3期。

沈开举、沈思达：《加强穿透式监督实质性化解行政争议》，载《人民检察》2021年第15期。

宋尚华：《行政违法行为检察监督的边界》，载《人民检察》2018年第2期。

宋京霖：《我国行政检察监督研究热点与趋势》，载《人民检察》2017年第18期。

宋国涛、杨磊《诉讼外行政强制措施的检察监督制度构建研究》，载《学习论坛》2018年第2期。

林劲松：《民事抗诉制度的基础性缺陷》，载《河北法学》2005年第1期。

岳德亮、黄深钢：《制定法律监督法让检察机关敢监督会监督》，载《中国人大》2010年第13期。

周本祥、马济林：《民事行政检察的困惑与出路》载《法学》1994年第6期。

周永年：《关于当前检察改革的若干理性思考》，载《政治与法律》2003年第5期。

周佑勇：《逻辑与进路：新发展理念如何引领法治中国建设》，载《法制与社会发展》2018年第3期。

郝银钟：《检察权质疑》，载《中国人民大学学报》1999年第3期。

胡卫列、田凯：《检察机关提起行政公益诉讼试点情况研究》，载《行政法学研究》2017年第2期。

侯欣一：《中国检察制度史研究现状及相关文献》，载《国家检察官学院学报》2016年第4期。

姜明安：《推进行政公益诉讼，加强对行政违法行为和行政不作为的检察监督》，载《行政法论丛》2017年第2期。

姜明安：《论新时代中国特色行政检察》，载《国家检察官学院学报》2020年第4期。

姚来燕：《关于行政执法检察监督的立法设想》，载《东方法学》2013年第1期。

秦前红、王天鸿：《国家监察体制改革背景下检察权优化配置》，载《理论视野》2018年第8期。

秦前红、陈家勋：《打造适于直面行政权的检察监督》，载《探索》2020年第6期。

秦前红：《两种"法律监督"的概念分野与行政检察监督之归位》，载《东方法学》2018年第1期。

秦前红：《检察机关参与行政公益诉讼理论与实践的若干问题探讨》，载《政治与法律》2016年第11期。

马迅：《非治安性拘留的理性扩张与法律规制——兼论人身自由罚的法治转轨》，载《行政法学研究》2019年第5期。

耿玉娟：《独联体国家检察制度比较研究》，载《俄罗斯东欧中亚研究》2014年第4期。

华炫宁：《在实践和理论的相互证成中创新行政检察工作——首届做实行政检察论坛会议综述》，载《人民检察》2021年第8期。

庄建南等：《检察权的合理定位：法律监督权——兼论职务犯罪侦查权的属性》，载孙谦主编：《检察论丛》（第9卷），法律出版社2004年版。

桂万先、姜奕：《新时代中国特色社会主义检察制度的特色与优势》，载《法治现代化研究》2021年第3期。

夏金莱：《论监察体制改革背景下的监察权与检察权》，载《政治与法律》2017年第8期。

夏黎阳：《强化法律监督制度设计中的几个问题》，载《中国检察官》2006年第4期。

时洪：《行政检察监督行政执法活动初探》，载《检察实践》2005年第4期。

倪培兴：《论司法权的概念与检察机关的定位——兼评侦检一体化模式（上）》，载《人民检察》2000年第3期。

徐益初：《析检察权性质及其运用》，载《人民检察》1999年第4期。

徐显明：《司法改革二十题》，载《法学》1999年第9期。

高家伟：《检察行政公益诉讼的理论基础》，载《国家检察官学院学报》2017年第2期。

唐璨：《论行政行为检察监督及其制度优势》，载《江淮论坛》2015年第2期。

宫鸣：《检察机关服务和保障国家治理效能探究》，载《人民检察》2021年第5期。

陈桂明：《民事检察监督之系统定位与理念变迁》，载《政法论坛》1997年第1期。

陈家勋：《行政检察：国家行政监督体系中的补强力量》，载《现代法学》2020年第6期。

陈朝晖：《行政检察调查核实权研究》，载《法制博览》2020年第33期。

陈瑞华：《论检察机关的法律职能》，载《政法论坛》2018年第1期。

陈卫东：《我国检察权的反思与重构——以公诉权为核心的分析》，载《法学研究》2002年第2期。

陈骏业：《行政权力检察监督的探索与构想》，载《人民检察》2005年第11期。

孙笑侠、冯建鹏：《监督，能否与法治兼容——从法治立场来反思监督制度》，载《中国法学》2005年第4期。

孙谦：《人民检察的发展历程与初心使命》，载《人民检察》2021年第C1期。

孙谦：《设置行政公诉的价值目标与制度构想》，载《中国社会科学》2011

年第1期。

孙谦：《新时代检察机关法律监督的理念、原则与职能——写在新修订的人民检察院组织法颁布之际》，载《人民检察》2018年第21期。

孙谦：《关于中国特色社会主义检察制度的几个问题》，载《人民检察》2016年第C1期。

姬亚平、燕晓婕：《检察机关参与行政争议诉源治理的理据与工作机理》，载《人民检察》2021年第15期。

曹呈宏：《分权制衡中的检察权定位》，载《人民检察》2002年第11期。

常小锐：《论法治视野下行政检察监督模式的建构与完善》，载《法制博览（中旬刊）》，2013年第11期。

常锋：《行政检察创新监督理念回应人民群众更高要求——专访中国政法大学终身教授应松年》，载《人民检察》2021年第C1期。

崔建科：《论行政执法检察监督制度的构建》，载《法学论坛》2014年第4期。

崔声波、刘蓓：《行政检察监督范围之界定》，载《新东方》2020年第4期。

许尊琪：《完善检察机关行政公益诉讼制度的思考》，载《法制博览》2022年第9期。

梁春程：《行政违法行为法律监督的历史、困境和出路》，载《天津法学》2018年第3期。

张千帆：《"公共利益"是什么？——社会功利主义的定义及其宪法上的局限性》，载《法学论坛》2005年第1期。

张立新、刘浩、郭磊：《"加强行政检察监督 促进行政争议实质性化解"典型案例解析》，载《人民检察》2021年第15期。

张步洪、马睿：《行政检察公开听证典型案例解读》，载《人民检察》2021年第13期。

张步洪、孟鸿志：《检察机关对公共行政的监督》，载《人民检察》2001年第9期。

张步洪：《行政检察基本体系初论》，载《国家检察官学院学报》2011年第

2 期。

张昊天:《践行理念变革引领行政检察创新发展》,载《中国检察官》2020年第 1 期。

张相军、张薰尹:《行政非诉执行检察监督的理据与难点》,载《行政法学研究》2022 年第 3 期。

张相军、何艳敏、梁新意:《论"穿透式"行政检察监督》,载《人民检察》2021 年第 10 期。

张相军:《关于做好新时代行政检察工作的思考》,载《中国检察官》2019年第 7 期。

张晋红、郑斌峰:《论民事检察监督权的完善及检察机关民事诉权之理论基础》,载《国家检察官学院学报》2001 年第 3 期。

张雪樵:《法律监督法的基本架构设想》,载《人民检察》2011 年第 9 期。

张雪樵:《违法行政检察监督机制的谱系化》,载《人民检察》2016 年第11 期。

张智辉、洪流:《论让人身自由罚回归刑事司法体系》,载《湘潭大学学报(哲学社会科学版)》2018 年第 4 期。

张智辉:《中国特色检察制度的理论探索——检察基础理论研究 30 年述评》,载《中国法学》2009 年第 3 期。

张智辉:《法律监督三辨析》,载《中国法学》2003 年第 5 期。

黄宇骁:《也论法律的法规创造力原则》,载《中外法学》2017 年第 5 期。

黄明涛:《法律监督机关——宪法上人民检察院性质条款的规范意义》,载《清华法学》2020 年第 4 期。

黄忠顺:《论诉的利益理论在公益诉讼制度中的运用——兼评〈关于检察公益诉讼案件适用法律若干问题的解释〉第 19、21、24 条》,载《浙江工商大学学报》2018 年第 4 期。

单民、刘方:《香港特区与内地检察制度比较研究》,载《法学杂志》2011年第 9 期。

单姣姣:《德国检察制度述评——兼论对中国检察制度改革的启示》,载《闽西职业技术学院学报》2017 年第 2 期。

傅国云：《论行政执法检察监督》，载《法治研究》2017年第4期。

傅国云：《民事行政抗诉权三题》，载《浙江省政法管理干部学院学报》1993年第1期。

傅国云：《行政执法检察机制改革的几点设想》，载《法治研究》2016年第3期。

傅国云：《行政检察监督的特性、原则与立法完善》，载《人民检察》2014年第13期。

舒平安：《行政争议实质性化解的现状与出路——以最高人民检察院典型案例为研究对象》，载《中国检察官》2021年第21期。

邹桦：《英法两国古代检察权起源分析研究》，载《法制博览》2018年第30期。

曾龙跃：《经典传世，浩气长存——纪念我国检察理论奠基人王桂五同志》，载孙谦、张智辉主编：《检察论丛》第4卷，法律出版社2002年版。

汤维建：《我国民事检察监督模式的定位及完善》，载《国家检察官学院学报》2007年第1期。

杨小君：《试论行政作为请求权》，载《北方法学》2009年第1期。

杨立新：《民事行政诉讼检察监督与司法公正》，载《法学研究》2000年第4期。

杨立新：《新中国民事行政检察发展前瞻》，载《河南省政法管理干部学院学报》1999年第2期。

杨克勤：《论国家监察体制改革背景下的检察工作发展新路径》，载《当代法学》2018年第6期。

杨奕：《论民事行政诉讼检察监督体制的独立化发展》，载《中国人民大学学报》2012年第5期。

杨解君、李俊宏：《公益诉讼试点的若干重大实践问题探讨》，载《行政法学研究》2016年第4期。

解志勇：《行政检察：解决行政争议的第三条道路》，载《中国法学》2015年第1期。

参考文献

赵卿：《双重改革视域下行政检察监督与监察委监督的关系辨析》，载《江西社会科学》2020 年第 7 期。

杜睿哲、赵潇：《行政执法检察监督：理念、路径与规范》，载《国家行政学院学报》2014 年第 2 期。

赵辉：《试论新时代行政检察权能》，载《行政与法》2019 年第 12 期。

赵丽芬、姜晓巍：《强化民事、行政检察监督势在必行》，载《现代法学》1995 年第 3 期。

蔡彦敏：《从规范到运作——论民事诉讼中的检察监督》，载《法学评论》2000 年第 3 期。

廖腾琼、李乐平：《行政检察监督权研究》，载《中国检察官》2008 年第 5 期。

郑传坤、刘群英：《行政公诉初探》，载《现代法学》1994 年第 6 期。

郑新俭：《推进行政违法行为检察监督》，载《人民检察》2016 年第 11 期。

刘天来：《俄罗斯行政检察制度研究》，载《北方法学》2019 年第 3 期。

刘方：《台湾地区检察制度的特点》，载《中国司法》2008 年第 11 期。

刘田玉：《民事检察监督与审判独立之关系的合理建构》，载《国家检察官学院学报》2004 年第 1 期。

刘恒：《行政诉讼检察监督若干问题探析》，载《中山大学学报（社会科学版）》1996 年第 A3 期。

刘华英：《违法行政行为检察监督实践分析与机制构建》，载《暨南学报（哲学社会科学版）》2016 年第 8 期。

刘会军、杜易：《清末引入检察制度评析与启示》，载《社会科学战线》2019 年第 10 期。

刘畅、肖泽晟：《行政违法行为检察监督的边界》，载《行政法学研究》2017 年第 1 期。

刘毓：《中外检察制度比较研究》，载《成功（教育）》2007 年第 2 期。

刘庆、车恂：《我国检察机关提起行政公益诉讼制度探析》，载《合肥学院学报（社会科学版）》2010 年第 4 期。

刘树选、王雄飞：《法律监督理论和检察监督权》，载《国家检察官学院学报》1999 年第 4 期。

刘艺:《行政检察与法治政府的耦合发展》,载《国家检察官学院学报》2020 年第 3 期。

刘艺:《构建行政公益诉讼的客观诉讼机制》,载《法学研究》2018 年第 3 期。

刘艺:《检察公益诉讼的司法实践与理论探索》,载《国家检察官学院学报》2017 年第 2 期。

姜涛:《检察机关行政法律监督制度研究》,载《东方法学》2016 年第 6 期。

薛伟宏:《中外检察制度漫谈》,载《中国检察官》2016 年第 13 期。

龙宗智:《论检察权的性质与检察机关的改革》,载《法学》1999 年第 10 期。

戴玉忠:《检察学的发展历史、研究现状与前瞻》,载《人民检察》2007 年第 15 期。

韩大元、刘松山:《论我国检察机关的宪法地位》,载《中国人民大学学报》2002 年第 5 期。

韩大元:《坚持检察机关的宪法定位》,载《人民检察》2012 年第 23 期。

韩大元:《关于检察机关性质的宪法文本解读》,载《人民检察》2005 年第 13 期。

韩永红:《我国法律体系中的行政检察监督权》,载《广东行政学院学报》2014 年第 2 期。

韩成军:《具体行政行为检察监督的制度架构》,载《当代法学》2014 年第 5 期。

魏琼、梁春程:《双重改革背景下警察执法监督的新模式——兼论检察监督与监察监督的协调衔接》,载《比较法研究》2018 年第 1 期。

谢志强:《行政检察制度比较研究》,载《河北法学》2010 年第 9 期。

谢佑平、万毅:《检察官当事人化与客观公正义务——对我国检察制度改革的一点反思》,载《人民检察》2002 年第 5 期。

谢晖:《论法律程序的实践价值(上)》,载《北京行政学院学报》2005

年第 1 期。

谢鹏程:《论检察权的性质》,载《法学》2000 年第 2 期。

应松年等:《行政诉讼检察监督制度的改革与完善》,载《国家检察官学院学报》2015 年第 3 期。

颜翔:《行政检察监督体制之改造——以行政权监督转向为视角》,载《江西社会科学》2015 年第 3 期。

罗德银:《检察机关应当参与行政诉讼》,载《现代法学》1988 年第 4 期。

专　著

孙谦主编:《中国特色社会主义检察制度》,中国检察出版社 2009 年版。

罗豪才主编:《行政审判问题研究》,北京大学出版社 1990 年版。

柯汉民主编:《民事行政检察概论》,中国检察出版社 1993 年版。

王德意、龙翼飞、孙茂强主编:《行政诉讼实务导论》,法律出版社 1991 年版。

甄贞等:《检察制度比较研究》,法律出版社 2010 年版。

谢鹏程选编:《前苏联检察制度》,中国检察出版社 2008 年版。

张智辉主编:《检察权优化配置研究》,中国检察出版社 2014 年版。

张智辉:《检察权研究》,中国检察出版社 2007 年版。

王伟华:《澳门检察制度》,中国民主法制出版社 2009 年版。

景汉朝、卢子娟:《审判方式改革实论》,人民法院出版社 1997 年版。

洪浩:《检察权论》,武汉大学出版社 2001 年版。

龙宗智:《检察制度教程》,法律出版社 2002 年版。

裘索:《日本国检察制度》,商务印书馆 2011 年版。

何家弘主编:《中外司法体制研究》,中国检察出版社 2004 年版。

张鸿巍:《美国检察制度研究》,法律出版社 2019 年版。

王建国等:《中俄检察制度比较研究》,法律出版社 2017 年版。

孙谦主编:《中国检察制度论纲》,人民出版社 2004 年版。

张兆松主编:《检察学教程》,浙江大学出版社 2009 版。

王桂五主编:《中华人民共和国检察制度研究》,法律出版社1991年版。

韩成军:《依法治国视野下行政权的检察监督》,中国检察出版社2015年版。

张文显:《法哲学范畴研究》,中国政法大学出版社2001年版。

陈光中主编:《刑事诉讼法》,北京大学出版社、高等教育出版社2013年版。

金明焕主编:《比较检察制度概论》,中国检察出版社1993年版。

朱孝清、张智辉主编:《检察学》,中国检察出版社2010年版。

王名扬:《法国行政法》,北京大学出版社2016年版。

王然冀主编:《当代中国检察学》,法律出版社1989年版。

卢建平主编:《检察学的基本范畴》,中国检察出版社2010年版。

胡建淼:《十国行政法——比较研究》,中国政法大学出版社1993年版。

梁国庆主编:《检察业务概论》,中国检察出版社1991年版。

应松年主编:《行政强制法教程》,法律出版社2013年版。

张步洪:《行政检察制度论》,中国检察出版社2013年版。

李勇:《传承与创新:新中国检察监督制度史》,中国检察出版社2010年版。

[美]琼·雅各比:《美国检察官研究》,周叶谦等译,中国检察出版社1990年版。

[俄]Ю. Е.维诺库罗夫主编:《检察监督》,刘向文译,中国检察出版社2009年版。

[德]哈特穆特·毛雷尔:《行政法学总论》,高家伟译,法律出版社2000年版。

[法]孟德斯鸠:《论法的精神》(上卷),商务印书馆2012年版。

报　纸

秦前红、李世豪:《以"穿透式"监督促进行政检察功能更好实现》,载《检察日报》2022年2月11日,第3版。

刘子阳：《检察公益诉讼试点全面"破冰"》，载《法制日报》2016年8月17日，第3版。

姜明安：《行政非诉执行检察监督功能价值的五方面体现》，载《检察日报》2019年5月27日，第3版。

姜明安：《完善立法，推进检察机关对行政违法行为的监督》，载《检察日报》2016年3月7日，第3版。

徐盈雁：《法律监督缺乏统一立法弊端多——浙江省检察院检察长陈云龙代表建议制定中华人民共和国法律监督法》，载《检察日报》2010年3月8日，第7版。

孙谦：《新时代检察机关法律监督的理念、原则与职能（上）——写在新修订的人民检察院组织法颁布之际》，载《检察日报》，2018年11月3日，第3版。

傅国云：《行政检察监督能否适用比例原则》，载《检察日报》2014年5月26日，第3版。

学位论文

潘度文：《我国民事诉讼中检察机关角色研究》，中国政法大学2005年博士学位论文。

梁春程：《司法改革背景下行政检察制度研究》，华东政法大学2019年博士学位论文。

文件、讲话、政府公报

《全面推进依法治国决定》
《法治中国建设规划（2020-2025年）》
《中共中央关于加强新时代检察机关法律监督工作的意见》
《中国共产党政法工作条例》
《国务院办公厅关于加强行政规范性文件制定和监督管理工作的通知》
1988年最高检工作报告（1988年4月1日经第七届全国人大第一次会议审

议）

1989年最高检工作报告（1989年3月29日经第七届全国人大第二次会议审议）

1990年最高检工作报告（1990年3月29日经第七届全国人大第三次会议审议）

1991年最高检工作报告（1991年4月3日经第七届全国人大第四次会议审议）

1992年最高检工作报告（1992年3月28日经第七届全国人大第五次会议审议）

1993年最高检工作报告（1993年3月22日经第八届全国人大第一次会议审议）

1994年最高检工作报告（1994年3月15日经第八届全国人大第二次会议审议）

1995年最高检工作报告（1995年3月13日经第八届全国人大第三次会议审议）

1996年最高检工作报告（1996年3月12日经第八届全国人大第四次会议审议）

1997年最高检工作报告（1997年3月11日经第八届全国人大第五次会议审议）

1998年最高检工作报告（1998年3月10日经第九届全国人大第一次会议审议）

1999年最高检工作报告（1999年3月10日经第九届全国人大第二次会议审议）

2000年最高检工作报告（2000年3月10日经第九届全国人大第三次会议审议）

2001年最高检工作报告（2001年3月10日经第九届全国人大第四次会议审议）

2002年最高检工作报告（2002年3月11日经第九届全国人大第五次会议审议）

参考文献

2003 年最高检工作报告（2003 年 3 月 11 日经第十届全国人大第一次会议审议）

2004 年最高检工作报告（2004 年 3 月 10 日经第十届全国人大第二次会议审议）

2005 年最高检工作报告（2005 年 3 月 9 日经第十届全国人大第三次会议审议）

2006 年最高检工作报告（2006 年 3 月 11 日经第十届全国人大第四次会议审议）

2007 年最高检工作报告（2007 年 3 月 13 日经第十届全国人大第五次会议审议）

2008 年最高检工作报告（2008 年 3 月 10 日经第十一届全国人大第一次会议审议）

2009 年最高检工作报告（2009 年 3 月 10 日经第十一届全国人大第二次会议审议）

2010 年最高检工作报告（2010 年 3 月 11 日经第十一届全国人大第三次会议审议）

2011 年最高检工作报告（2011 年 3 月 11 日经第十一届全国人大第四次会议审议）

2012 年最高检工作报告（2012 年 3 月 11 日经第十一届全国人大第五次会议审议）

2013 年最高检工作报告（2013 年 3 月 10 日经第十二届全国人大第一次会议审议）

2014 年最高检工作报告（2014 年 3 月 10 日经第十二届全国人大第二次会议审议）

2015 年最高检工作报告（2015 年 3 月 12 日经第十二届全国人大第三次会议审议）

2016 年最高检工作报告（2016 年 3 月 13 日经第十二届全国人大第四次会议审议）

2017 年最高检工作报告（2017 年 3 月 12 日经第十二届全国人大第五次会

议审议)

2018 年最高检工作报告（2018 年 3 月 9 日经第十三届全国人大第一次会议审议）

2019 年最高检工作报告（2019 年 3 月 12 日经第十三届全国人大第二次会议审议）

2020 年最高检工作报告（2020 年 5 月 25 日经第十三届全国人大第三次会议审议）

2021 年最高检工作报告（2021 年 3 月 8 日经第十三届全国人大第四次会议审议）

2022 年最高检工作报告（2022 年 3 月 8 日经第十三届全国人大第五次会议审议）

《自然资源资产产权改革意见》

法律规定

《宪法》

《行政诉讼法》

《民事诉讼法》

《中央人民政府组织法》

《人民检察院组织法》

《人民检察院行政诉讼监督规则》

《人民检察院检察建议工作规定》

《最高人民检察院关于指派、聘请有专门知识的人参与办案若干问题的规定（试行）》

《关于人民检察院立案侦查司法工作人员相关职务犯罪案件若干问题的规定》

《监察法》

《看守所条例》

《行政处罚法》

参考文献

《人民警察法》
《行政执法机关移送涉嫌犯罪案件的规定》
《治安管理处罚法》
《行政强制法》
《规章制定程序条例》
《法规规章备案条例》

后 记

本书为作者承担的 2023—2024 年河北省社会科学基金项目，项目编号：HB23FX008，项目类别为年度一般项目。经过前期课题调研和论证、撰写发表相关论文到书稿写作完成，课题研究已近尾声，该项专题方面的学习研究经历也即将告一段落。本次科研经历是一项既充满艰辛又具有极大挑战性的过程，时间紧任务重，每位课题组成员在完成本职工作之余，又特别抽出宝贵时间完成课题调研、论证、总结、研讨、成稿等相关工作，正是在团队集体努力的基础上才能顺利推进项目不断取得阶段性成绩和最终研究结果。在此衷心感谢项目组全体成员赵明、冯红、李佳、武梦璇、张灿、张帅等同志付出的辛劳，感谢大家对科研工作的敬业和执着。

本书的最终成稿要特别感谢作者单位石家庄学院各位领导的大力支持和亲切关怀，感谢学校科研处各位领导和老师对本书内容的指导和把关，感谢石家庄学院相关研究领域的专家教授对本书提出的修改意见和建议，在各位领导和同仁的关心指导下该科研项目及书稿才能够更加顺利地完成。

本书写作过程中，几位作者进行了大体分工：张爱华负责了全书整体结构框架，撰写了第二章检察权、监督行政权依法运行的理论基础，第五章新时代行政检察深化发展的理念、原则，第六章新时代行政检察监督深化发展的框架构想等部分内

后 记

容，成稿近 10 万字；高胜寒负责了第四章我国行政检察实践及现状分析的撰写及统稿，全书文献资料整理、注释标注、引文规范及全书校对等相关工作，成稿近 2 万余字；许丽婷负责了第一章及第三章的撰写工作，成稿约为 3 万字。

张爱华
2023 年 12 月 25 日